谨以此书献给擅长用工程方法解决问题的格兰特，
以及所有保持好奇、勤于思考的人。

—— 琼·玛丽·加拉特

构建我们的世界

美国国家地理 STEAM创意思维启蒙

[加] 琼·玛丽·加拉特 著

王松 译

目录

前言　　6

第一章

工程学知识全搜罗　　11

工程师：最擅长解决问题的人　　12

哪些行业活跃着工程师的身影？　　14

工程师全家福　　16

体验机械工程师　　18

体验声学工程师　　20

体验结构工程师　　22

工程师是如何解决问题的？　　24

第二章

小工程师养成实战攻略　　37

美国国家地理专家智囊团　　39

挑战1：吵闹的派对　　42

挑战2：糖果保卫战　　48

挑战3：迷你自行车坡道　　54

挑战4：一次特别的派送　　60

挑战5：被偷走的毛绒玩具　　66

挑战6：糖果大甩卖　　72

挑战7：别让臭虫咬到你　　78

挑战8：沙漠中的生命之水　　84

挑战9：拯救哥哥的浪漫约会　　90

挑战10：讨厌的蚊子　　96

挑战11：熊孩子的游乐园　　102

挑战12：响当当的硬币　　108

挑战13：天然的烤箱　　114

挑战14：辣椒酱惹来的麻烦　　120

第三章

构建我们的世界   127

从古至今成功的工程设计   128

工程灾难   140

未来工程   144

工程永不止步   146

了解更多   148

词汇表   149

索引   154

图片出处   158

前言

工程师是擅长设计和建造各种事物的人。你手上的这本《构建我们的世界》，是通过复杂的机器印刷出来的；你所住的房屋，是通过一道一道的工序建造而成的。不管是印刷这本书的机器还是你身边的建筑，它们都出自工程师之手。他们是怎么做到的呢？通过思考工程运作过程中每个环节的因果关系，利用能量的传递，以及落实行动，就可以达到目的。举个例子，假设你现在后背痒痒的，你想解决这个困扰，该怎么办呢？

后背挠痒痒装置的原理说明

1. 当你感到后背发痒的时候，你翻了翻手上的书。
2. 翻书的动作（原因）会产生微风，将秤盘中的羽毛吹走（结果）。
3. 于是天平朝一边倾斜（动能），把桌上的球撞到旁边的坡道上。
4. 球顺着坡道滚下，撞击钟表的指针（动能），使指针指向正午。
5. 整点报时的布谷鸟弹出，带动绑在上面的小锯切割下方的细绳（势能）。
6. 细绳被割断（原因），小猴子掉落在跷跷板翘起的一端（结果）。
7. 落下的小猴子撬动跷跷板将另一端摆放的磁铁掷向重重的铁链，形成钟摆（势能）。
8. 摆动的铁链撞击第一个保龄球瓶（原因），它倒向下一个保龄球瓶（结果），以此方式一直传下去。
9. 最后一个保龄球瓶倒下（连锁反应）后撞上石头（结果），使石头落到自行车踏板上。
10. 车轮开始旋转（动能），通过链传动转动齿轮（扭矩）拧开木桶上的水龙头。
11. 木桶里的水流出（动能），使花盆倾斜，掉入鸟浴池中（重力）。
12. 鸟浴池中溢出的水（原因）流经漏斗（增加压力）流入水车中（结果）。
13. 转动的水车把门拽起（原因），篮球滚向并撞击立着的一摞图书（结果）。
14. 倒下的图书（动能）撞击摇椅使其摇摆。
15. 摇晃的椅子（动能）接触到斜坡顶端的小汽车使其滑下。
16. 顺势而下的小汽车撞击斜坡底部的气球（原因），使气球飞起来（结果）。
17. 小狗看到了气球下方挂着的美味佳肴。
18. 兴奋的小狗摇晃起尾巴（原因），牵动刷子在你痒痒的背上来回摩擦（结果），任务完成！

前言

后背挠痒痒装置

为完成某项任务而设计出来的工具被称为机械。机械一般都包含引擎、电子设备和大量可移动的零件,但并不是所有机械都很复杂,**人类最初的工具源自6种简单机械**,我们今天仍在使用。它们的功能有区别,但目的都是一致的,那就是使人类的工作变得更容易。在每个机械结构中,我们都能看到简单机械的身影。当面对比较困难的问题时,我们就需要用这些简单机械组成更复杂的机械了。

你能在后背挠痒痒装置中**找到这些简单机械**吗？

杠杆

杠杆用于抬起或移动重物。

轮轴

使用**轮轴**可以更省力地运载重物。

斜面

斜面是一端高一端低的平面。

楔子

楔子是用来把物体分开或固定在一起的工具。

滑轮

滑轮是一种有沟槽的可以挂住绳子的轮子。

螺钉是一种有螺旋凹槽的圆柱体。

螺钉

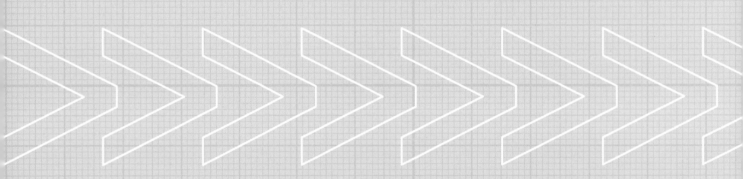

第一章
工程学知识全搜罗

注意！

本章中会有一些动手操作的实验，实验时要保证有成人在场哦！并提前准备好必要的安全设施。

工程师：最擅长解决问题的人

嘿，小朋友们，日常生活中你是不是会遇到难题呢？其实大多数人在每天的生活中难免会遇到这样那样的棘手问题。比如你不小心把足球踢到了学校的房顶上，必须爬上墙壁才能把球拿下来；你的自行车链子断了，身边没有任何工具，离家还有很长一段路；你想好好玩会儿电脑，但笔记本持续发热，烫得不行……

为这些难题找到最佳解决方法，就是工程师需要做的事。工程师就是善于使用科学和数学的知识来克服困难的人。很多工程师都是各自领域的专家，他们专注特定的领域，例如机械、航天或计算机等。要解决一个问题，往往需要多个不同专业的工程师通力合作。

工程师是解决问题的高手。 他们对事物运作的过程了如指掌，并且富有想象力，善于在工作方式上创新。他们喜欢面对新的挑战，热衷于利用专业知识，对产品、机械和结构进行设计、建造，以及测试。通过这些技能，找到攀爬墙壁、修理自行车链子、降低笔记本温度的最佳解决途径。这些对他们来说根本不是难题，而是人生趣事！

工程师给世界带来的各种影响随处可见。你抬起头看看四周，从房屋到家具，从衣服到食品，从万米海底到深邃太空，都有工程师的成果。正是由于工程师的足智多谋，今天我们才有了各种各样的交通工具——自行车、摩托车、气垫船、汽车、火车、轮船、飞机和宇宙飞船；我们有了各种建筑——住宅、学校、医院、剧院、游泳馆和体育馆，这些建筑在科技的助力下能使用自动化技术控制不同的设备。如今我们所依赖的各种机械，从烤箱到汽车发动机，从电梯到工程牵引机，从烤炉到冰箱，都要归功于工程师。

面对未解决的难题，工程师们毫不畏惧，有时还致力于研究重要的世界性问题。为了给全球居民提供清洁的水源、良好的卫生环境、安全的庇护所、全面的医疗保健服务、营养的农作物、经济实惠的能源和更为安全的道路，他们绞尽脑汁寻找新的途径。他们提供的解决方案不仅使生活变得更加舒适，而且更重要的是拯救了许多生命。可以说，在很多方面，工程师以令人难以置信的方式重塑了我们的世界。

科学家 研究自然世界，探索万物运转的秘密。他们通过设计实验、调研来研究事物的原理。

科学家常常会问： "这件事为什么会发生？"

科学家和工程师的**区别**是什么呢？

工程师 运用科学和数学原理去解决实际问题。

工程师常常会问： "我怎么解决这个问题？能更优化吗？"

哪些行业活跃着工程师的身影？

很多工程师都是各自领域的专家，他们专注特定的领域，例如机械、航天或计算机。要解决一个问题，往往需要多个不同专业的工程师通力合作。

工程师为我们提供便利的交通工具。

- 机械工程师
- 航海工程师
- 航空工程师
- 土木工程师

航海工程师负责设计更安全、更高效、更耐用的水上及水下交通工具，例如小船、轮船、潜艇和航空母舰。

工程师为我们提供生活和休闲的场所。

- 土木工程师
- 材料工程师
- 机械工程师

工程师制造出我们需要的产品。

- 化学工程师
- 电子工程师
- 计算机软件工程师
- 材料工程师
- 核能工程师
- 计算机与电气工程师
- 机器人工程师

机器人工程师负责设计和制造用于代替人工作的机器，也就是机器人。一些对人来说太过危险或难度极大的任务，比如拆除地雷、清理泄漏的石油或者探索外太空，都可以交给机器人。

工程师为我们提供丰富健康的饮食。

- 农业工程师
- 生物医学工程师
- 化学工程师
- 工业工程师

工程师也与自然资源打交道。

- 环境工程师
- 地质工程师
- 石油工程师

石油工程师负责寻找藏在陆地或海洋下面的石油和天然气。他们的工作包括设计专用的提炼设备，在实验室里分析新发现的物质，以及研究自然资源开发的最佳途径，从而避免对环境造成破坏。

工程师全家福

想象一下,如果你的全体家庭成员都是工程师,会是怎样的场景呢?你的祖父母和父母都在传统的工程学领域工作,其他人则从事其他的领域,包括一些新科技领域。每个人的工作都与设计、构建、测试有关,但每个人的侧重点不同。你们的全家福或许是这样的。

你适合学点什么呢?

工程学包括几个大类,例如土木工程、电气工程、工业工程,每个领域又细分成很多专业。因此,可供选择的工程学领域有很多,同时,越来越多的工程学新类型开始涌现。想一想你的兴趣点是什么,你最想解决哪方面的问题。如果你心里没有确切的答案,看过下面的内容你必定会有所启发。

堂兄是环境工程师,他的工作是寻找减少环境污染的新办法,以及确保水资源等自然资源管理得当。

爷爷是土木工程师,负责为大型建设项目做设计。多年来,爷爷参与开发、建造、检测、维护的道路、隧道、水坝和桥梁数不胜数。

奶奶是化学工程师,主要研究如何将化学物质用于食物、药物、燃料和其他有价值的产品中。

体验机械工程师

来制作一把水枪吧

准备材料

>> 直径1.6cm、长40.6cm的木钉

>> 内直径1.9cm、长30.5cm的PVC管

>> 图钉

>> 饮料瓶盖，里面最好有一圈平滑的塑料密封条

>> 强力胶带

>> 盛满水的桶

制作步骤

1. 用图钉小心翼翼地在瓶盖中央扎一个小孔。

2. 把瓶盖放在PVC管的一端，用胶带把它牢牢固定住，注意不要盖住小孔。

3. 在木钉一端缠10圈左右的胶带。

4. 将木钉缠有胶带的一端塞入PVC管中，如果几乎感觉不到阻力的话，就在木钉一端多缠几圈胶带。反之，如果很难塞的话，就去掉几圈胶带，直到可以用适当的力度让木钉在PVC管中移动。

5. 把有瓶盖的一端放入水桶中，随后将木钉往外抽，但不用全部抽出来，留5~8cm在PVC管中，使管中充满水。

6. 到外面找一处适合玩水的地方，把我们做好的水枪对准一棵需要浇水的树，然后把木钉使劲压入PVC管中。

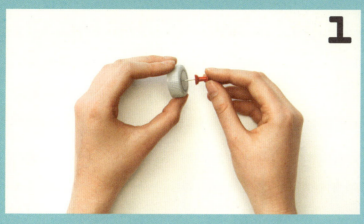

原理解析

正常来说，水和其他大部分液体都不能被压缩到比自身体积更小的空间里。这就是为什么当你捏果汁盒的时候，果汁会从吸管里喷出。水枪里的水也不例外，当受到挤压、空间变小时，它就会寻路而逃。挤压时用的力越大，水射出的速度也就越快。

> 液体移动产生的能量对工程师来说同样有用武之地，于是就有了利用液体运动进行工作的机械，统称为液压装置。

让我们把这个过程分解一下。

1. 水枪里的水储存在 PVC 管中。
2. 塞入管中的木钉就像泵一样，推动木钉会对水形成压力。
3. 当你把木钉压入管中时，压力逐渐增强。
4. 因为水是不能被压缩的，水只能从小孔处射出。

作为机械工程师 你还需要思考这些问题

想一想如何改进水枪的设计，使水枪容量更大，喷水的速度更快，水的射程更远，操作起来更方便。

体验声学工程师

创作美妙的音乐吧

准备材料

>> 两块压舌板（或差不多大小的木棍）
>> 一张旧贺卡或文件袋，剪成长8cm、宽1.5cm的纸条
>> 两根细橡皮筋，能绕木棍的两侧固定
>> 一根足够长的宽橡皮筋，能绕木棍的前后两端固定
>> 胶带

制作步骤

1. 把两个木棍叠放在一起。
2. 在距离木棍一端约1.2cm的地方，把剪好的纸条绕在木棒上，随后用胶带把纸条固定成圈，注意不要把纸条和木棍粘在一起。
3. 在木棍另一端重复上一步。
4. 小心抽出其中一根木棍，用宽橡皮筋把带纸条的木棍套住，绕木棍的前后两端固定。
5. 将另一根木棍置于橡皮筋上。
6. 在绑纸条的位置，用细橡皮筋把两个木棍固定。
7. 这样简易口琴就制作完成了，让我们来测试一下。捏住它的两端，通过木棍中间的缝隙吹气和吸气，看看能否发出不同的声音。

1-3

4

5

6

7

原理解析

我们能听到各种声音,你知道声音是如何产生的吗?声音的产生是因为空气的振动,声音是一种压缩波,被挤压的声波越多,声音就越大。当你吹简易口琴的时候,流动的空气使橡皮筋振动,产生压缩波,也就是你所听到的声音。橡皮筋每秒振动的次数叫作振动频率,越用力吹气,橡皮筋的振动频率越高,发出声音的音调越高。而当轻柔地吹气时,橡皮筋的振动频率会变低,发出声音的音调也会变低。橡皮筋的厚度也会对振动频率造成影响。

> 我们能说话和唱歌,就是因为我们的声带会像橡皮筋一样,也可以使空气振动产生声音。

作为声学工程师
你还需要思考这些问题

试着用别的材料制作能奏出不同音调的口琴。试试看,如果改用其他厚度的橡皮圈或纸条,会怎么样呢?如果用冰棍里的小木棍或短尺,又会怎么样呢?尝试并对比一下吧!

体验结构工程师

魔力变变变：制作一个纸杯子

准备材料

>> 边长20cm的正方形蜡纸、报纸和打印纸

日本的折纸艺术不断启发工程师以新的方式审视他们的设计，这有助于工程师理解其他材料如何弯曲以变得更强韧、更小巧、更平整。例如，建造纸质模型将帮助工程师进一步了解设计的优缺点，而借助折叠的概念，航空工程师把工具送进了太空，汽车工程师设计出了气囊，生物医学工程师则发明了在人体内使用的健康设备。

制作步骤

1. 将一张正方形蜡纸平铺在桌子上，使它的四个角分别朝向正上方、正下方、正左方和正右方，随后将右侧角与左侧角折叠重合。

2. 新得到一个三角形，将下方的角往上正折，使其与三角形的左上侧边缘接触。

3. 将正上方的角往下正折，使其与步骤2形成的三角形的左下侧边缘接触。

4. 旋转纸张，使左侧的尖角朝上，将尖角的一片纸往下折。

5. 把纸杯翻过来，把另一片纸也往下折。

6. 把纸杯打开。

7. 往里面倒一些水，检查是否漏水。

8. 再用其他纸多叠几个纸杯，对比测试一下哪种材料做成的纸杯存住水的时间最长。

1

2

3

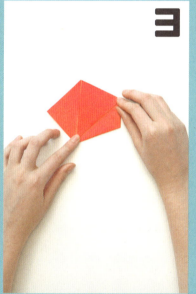

4

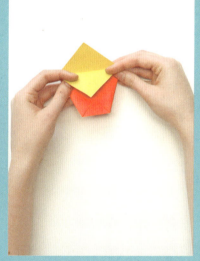

5

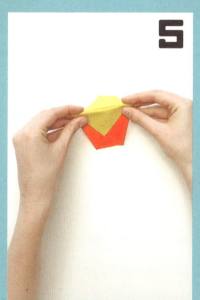

6

7

原理解析

纸是一种多孔材料，所以用纸盛水的时候，不一会儿水就漏出来了。与打印纸相比，报纸的孔更多，所以水漏得也更快。但是蜡不是多孔材料，因此用蜡纸盛水，水不会漏出来。

弯折增加了纸张内部的应力，使纸张变得脆弱。但是最终折叠出来的形状通过分摊承载物的重量，反而使纸杯得到加固。

作为结构工程师 你还需要思考这些问题

还有哪些材料也能折叠成杯子呢？不妨试试不同尺寸的正方形铝箔、布质餐巾、羊皮纸或墙纸，看看会发生什么呢？你能想到这些杯子的其他用途吗？如果盛糖浆、洗手液或者番茄酱这样的液体，杯子会有什么反应呢？仔细观察一下吧！

工程师是如何解决问题的？

工程思维法

当你遇到一个棘手的问题，可能会想：**哦，不！太难了！这可怎么办？** 而工程师在面对同样的问题时，想的却是：**哈哈！这是个不错的挑战，真有意思！我一定要解决这个问题！** 现在让我看看，怎样把这个问题分解成具体的步骤。

工程师在寻求某个问题的最佳解决方案时，会遵循一系列步骤， 这个过程叫作工程思维法，具体包括：明确定义问题、头脑风暴、选择最佳策略、设计、建造、测试、修改及分享成果。

工程师通常按照以上顺序开始工作。不过，有时他们在探索的过程中会有新的发现，需要对设计进行更改，并重复某些特定的步骤。工程师经常通过重新设计、重新建造和重新测试来解决进展过程中出现的新问题。这种方法称为迭代，也就是重复一系列步骤，以接近最终的解决方案。必要的时候，工程师会多次重复某些步骤，就是为了向前迈进一步。虽然中间的步骤可能会重复，但是这个过程总是从明确定义问题开始。如果一切进展顺利的话，工程师最终将得出一个解决方案。

工程思维法的步骤

第一步：明确定义问题

第二步：头脑风暴

第三步：选择最佳策略

第四步：设计

第五步：建造

第六步：测试

第七步：修改

第八步：分享成果

工程思维法

明确定义问题

第一步

第一步就是要清楚地明确问题。

你首先要思考：哪里不对？需要解决什么问题？清楚地描述你所面对的问题，意味着把它分解简化成了具体的、可解决的问题。同时，你也就知道了成功解决的标准。例如，你姐姐把你最喜爱的一本书放到了你够不到的地方。在这里，问题不单单是"我怎样才能把书从非常高的书架上取下来呢"，而是"我怎么在不受伤、只使用家里现有工具的条件下，把书从非常高的书架上取下来呢"。

问题：
我怎么在不受伤、只使用家里现有工具的条件下，把书从非常高的书架上取下来呢？

工程思维法

第二步

头脑风暴

把书取下来!

> 解决问题始于**头脑风暴**。

这个词听起来就像是一场飓风在你的大脑里不停旋转。跟风暴相似的是,过程和结果都难以预测,但不同的是,头脑风暴的趣味性十足!你要做的就是:

>> 想清楚问题;
>> 写下每一个可能的解决方案;
>> 不去评判主意的好坏!

关键就在于想出尽可能多的主意,越多越好,而不必担心其中哪些可行、哪些不可行,这一步没有错误答案之说。为什么呢?因为即使是一些疯狂的想法,也可能会有帮助。当你不再思考是否可行的时候,各种主意就会源源不断地出现。主意都是相通的,列出的越多,思维就会越发散,越有创造性。有时候,笨办法可能带来新收获,所以稍后再做评判也不迟。你独自一人也可以头脑风暴,但在团队中与其他人一起进行会更有趣。所有人都参与其中,纷纷提出新的点子,十分热闹。这时需要一个专门负责记录的人,及时记下大家提出的方案。

可能的解决方案

- 找一把可以够到书架顶端的椅子,站在上面。
- 请一个高个子的人帮忙。
- 从邻居那里借把梯子。
- 用绳圈套住书,把它拽下来。
- 用扫帚把书打下来。
- 把遥控小汽车放在书架顶上,遥控它把书推下来。
- 用遥控小飞机将绳圈置于书的四周,把它拉下来。
- 买、租或借一只鹦鹉,训练它学会取东西的技能。
- 把砖块和木头摞在一起,在书架旁摆成一个楼梯。
- 在折尺一端粘上嚼过的泡泡糖,把书粘下来。
- 找几个小伙伴叠罗汉,直到最上面的人够到书。
- 造一个机器人手臂,用它把书拿下来。
- 用硬纸板造一个吸尘器软管的延长管,然后打开吸尘器把书吸下来。

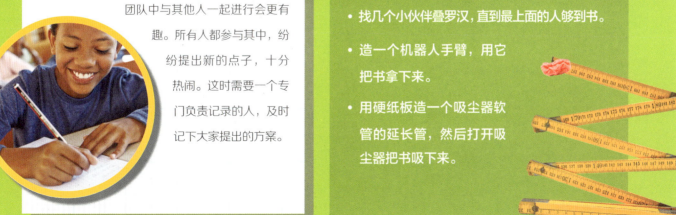

工程思维法

第三步
选择最佳策略

现在，轮到你对想到的每个主意做评判了。

一种方法是做一张表格，然后把每个主意归入对应的类别：不可行、或许可行。评判时要保持积极乐观的心态，多问自己这个主意是否还有改进的空间，而不是认为它不可能实现，就抛在一边不管不顾了。

保持好奇、多问问题，能帮助你找到最佳的解决方案。有时，你或许已经知道问题的答案了，有时，你可能需要做一些调查研究才能得到答案。你或许会考虑"这个主意安全吗""用这个方法需要多长时间呢""材料都是现成的吗""成本会是多少呢"。

此外，回答问题的过程也帮助你明确了做设计的标准，即什么样的方案是有可能成功的。同时，你还需要考虑设计的限制条件，即不利于方案发挥作用的因素。

在这个方案中，你可以把成功的标准总结为：

按照我的解决方案，**两个小时之内我就能把书取下来，而且不会伤到自己，也不会损坏家里的任何物品。**

项目：书本营救行动

填完表格之后，再看一遍"或许可行"这一栏，从中选择出最佳的方法。

主意	不可行	或许可行	依据
找一把可以够到书架顶端的椅子，站在上面。	✓		限制：椅子不够牢固。 结论：不安全，即使踩在上面也够不着。
请一个高个子的人帮忙。		✓	限制：我哥哥挺高的，不过他去朋友家了。 结论：当我需要他的时候，他从来不在家。
从邻居那里借把梯子。		✓	限制：邻居会问我为什么借梯子。 结论：跟邻居解释太花时间了。
用绳圈套住书，把它拽下来。	✓		限制：我可能需要先练习几个月。 结论：还是再找找不那么费时间的方案吧。
用扫帚把书打下来。		✓	限制：有可能会打坏东西。 结论：换一个更安全的方案。
把遥控小汽车放在书架顶上，遥控它把书推下来。		✓	限制：我不够高，无法把小汽车放在合适的位置上。如果把它扔上去的话，小汽车可能会头朝下。 结论：换一个风险更小的方案。
用遥控小飞机将绳圈置于书的四周，把它拉下来。		✓	限制：家里没有遥控小飞机，并且价格太贵，没法和别人借，而且损坏风险很大。 结论：太复杂了。
买、租或借一只鹦鹉，训练它学会取东西的技能。		✓	限制：我对鸟类过敏，自己会肿得像气球一样。而且，训练它也要花费很长时间。 结论：还是别用动物了。
把砖块和木头摞在一起，在书架旁摆成一个楼梯。		✓	限制：可能没办法在短时间内准备好材料。 结论：找一个只用家里的物品就能解决问题的方案。
在折尺一端粘上嚼过的泡泡糖，把书粘下来。		✓	限制：我只有一片无糖口香糖了。 结论：一片太小了，黏性也不够强。如果能在家里找到更多口香糖的话，这个方案或许可行。
找几个小伙伴叠罗汉，直到最上面的人够到书。	✓		限制：很多人参与才能叠那么高。 结论：我会被压扁的，找齐这么多人也很费时间。
造一个机器人手臂，用它把书拿下来。		✓	限制：我要用很长很长的时间进行设计和制造。 结论：如果不着急把书拿下来的话，这个方案或许可行。
用硬纸板造一个吸尘器软管的延长管，然后打开吸尘器把书吸下来。		✓	限制：无。 结论：材料都有，用时最短。

工程思维法

设计
第四步

解决问题的时候,工程师需要考虑很多不同的办法,**再从中挑选最佳的方案。**

>> 在设计阶段下的功夫越多,到了建造阶段需要做的工作就越少。**首先列出所需的材料,不要忘了你面临的限制条件,也就是只能使用家里现有的物品。**既然你已经决定使用硬纸板了,那么哪种类型的硬纸板效果最好呢?瓦楞纸板太厚,不易弯折;广告纸板比较容易裁剪、弯曲,但家里没有。你突然想起早餐吃的麦片,装麦片的是个超大的麦片盒,或许有用。所以,你在材料清单上写下了"大麦片盒",以及用来裁剪它的"剪刀"。接下来想到你要把纸板和吸尘器软管接在一起,透明胶带可能粘得不够结实,所以你又写下了"遮蔽胶带",它就放在厨房抽屉里,很方便找到。抬头看了一眼书架,你意识到还差一截,所以又写下了"椅子"。当然,还有关键的"吸尘器"。

>> 接着,**你把方案画下来。**最初画的几张图都会是草图,只有多尝试几次才能得到你心仪的设计图。不过,反复琢磨、重画的过程有助于预防在测试阶段出现问题。

>> **在画方案图的时候,通过思考、明确各种材料自身的特性并研究环节之间的因果关系,预测材料之间将会如何相互作用。**比如,吸尘器软管本来就容易弯曲,此时还要在它的顶端延伸出一截硬纸板,那它会不会弯得太厉害,以至于够不到书?书是用纸做的,这本书有很多页,很沉。吸尘器的吸力足够大吗?能把书吸住吗?

>> **如果发现你的设计不妥,首先要考虑可变因素,即可以改变的部分。**每次只改变一个可变因素,然后进行测试,你就可以观察这个方案与另一个方案相比有何优势、劣势。你无法改变书的重量,所以这并不是一个可变因素。但是你或许能找到办法防止吸尘器软管过度弯曲,这就是一个可变因素。

>> **设计完成后,预估一下成本,然后列出建造的步骤。**你写下的说明应该足够清晰明了,让所有人都看得懂。这样,别人也可以测试你的设计,提出改进意见,最后解决这个问题。

工程思维法

把书取下来！

项目：书本营救行动

草图
你的吸尘器—麦片盒方案的最初草图可能长这样：

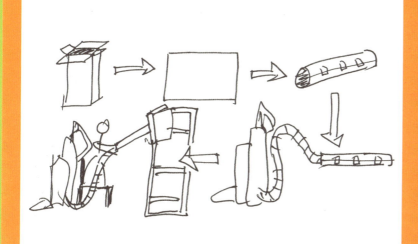

终稿可能更像这样：

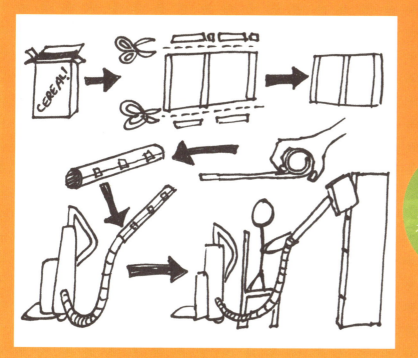

材料
大麦片盒
遮蔽胶带
吸尘器
椅子

工具
剪刀

成本
无，所需的物品在家中都能找到

步骤

1. 把超大号的麦片盒展开，铺平。

2. 把麦片盒的边缘剪掉，得到一个长方形硬纸板。

3. 把硬纸板卷成管状。

4. 用遮蔽胶带把卷好的硬纸板固定，保持管状。

5. 把硬纸板管和吸尘器软管的末端接在一起，用遮蔽胶带固定。

> 每次只调整一个可变因素，就能得知隐藏在变化背后的根本原因。

工程思维法

建造 第五步

因为你已经对自己的设计方案做了清楚的描述,**所以到了建造阶段的时候,你完全知道自己应该做什么。**

即便如此,难免也会遇到意外和挫折。比如,在你卷麦片盒的时候,它出现了很深的折痕,根本无法卷成管状。在进行过程中,你可能不得不重新调整设计方案,这很正常,不用放在心上,因为计划只是用来组织流程的参考。如果你有了更好的主意,只要它能满足你解决问题的标准,就去尽情探索它们的可能性吧!

在建造的过程中,你可能会经历一些有趣的事。在使用工具和材料的过程中,你可能会产生新的想法。手里拿着硬纸板,你可能会想:卫生纸卷筒的效果会不会更好呢?只是它太短了。能把几个卷筒用胶带粘在一起吗?纸巾卷的卷筒长一些,但它太薄了,容易坏。去垃圾桶里找了一圈,你发现了一个空的铝箔盒,里面装着一个又厚又结实的卷筒。在盒子里还有一张五颜六色的纸。"有了!"这提醒你想到了包装纸的卷筒或许效果更好。

把用硬纸板做成的卷筒接到吸尘器上可不像预想的那么简单。遮蔽胶带宽度不够,黏性又差,不能很好地完成任务。如果换成强力胶带,那么吸尘器加长这一步就能顺利完成。现在,是时候看看它的效果了。

工程思维法

测试 第六步

终于迎来了这一重要时刻。**这场测试会提示你，建造的原型能正常工作，还是目前的设计有需要改进的地方呢？** 让我们拭目以待！

1. 将吸尘器的插头插到插座上，并把电源打开。
2. 站在椅子上。
3. 举起吸尘器软管，使加长部分靠近书。
4. 把书取回来。

预备！一，二，三，开始！你打开了吸尘器，但还没等你爬上椅子，就被一阵讨厌的噪声给惊呆了。你看了一眼吸尘器，发现硬纸板管的末端已经变形了。与此同时，你明白了两个可变因素——吸力与硬纸板之间是存在关联的。硬纸板在家用吸尘器强大的吸力作用下很难保持原状。现在该怎么办呢？

修改 第七步

第七步就是要研究测试结果，**分析方案中有效和失效的部分。**

思考一下如何使设计变得更完善呢？好消息是，我们有一卷强力胶带，可以用来固定任何东西。你需要的其实是一个吸力弱一点的吸尘器，一个更坚固的加长管，或者一个使原有加长管更坚固的办法。

工程看起来有点像下象棋。在下象棋时，有时候你可以从头到尾都指挥棋子一直向前走，但在其他一些时候，你可能需要先向后退几步，然后再尝试向前走。在工程上也是一样，有时候你不得不修改自己的模型，现在就是这种情况。

于是，你重新回到设计阶段，这次你决定把结实的铝箔卷筒接在硬纸板管的前端。为了避免它来回晃动，你又用强力胶带在接口处绑了几根筷子。改造后就可以测试了，而这次一切正常。多亏你想到了这个新主意，你不仅成功地完成了一次工程实践，还拿回了自己的书！

工程思维法

分享成果
第八步

在工作中，工程师经常与同事分享成果。

他们有时会通过书面报告或介绍的形式，展示方案是如何成功的，以及工程过程中出错的地方。把错误之处写下来能帮助其他工程师明白问题所在，从而避免以后再次出现同样的问题。记录下工程中遇到的挫折，对别人也有警示作用。与大家一起讨论，或许能启发出新的解决办法，比如怎样更快或用更便宜的材料建好这个装备。

为什么不在晚饭的时候分享你的资料呢？

讨论大纲或许可以写成这样：

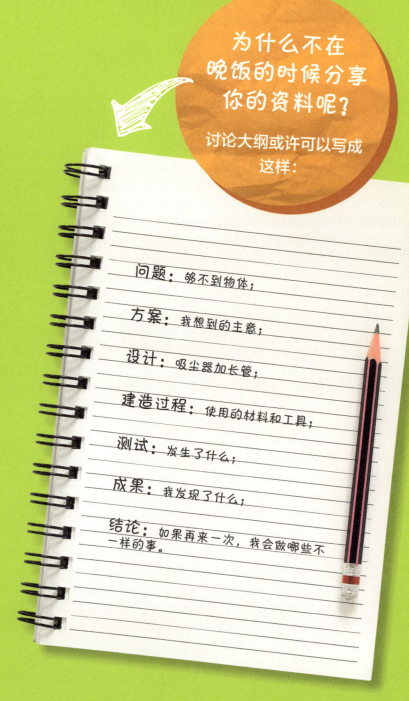

问题：够不到物体；

方案：我想到的主意；

设计：吸尘器加长管；

建造过程：使用的材料和工具；

测试：发生了什么；

成果：我发现了什么；

结论：如果再来一次，我会做哪些不一样的事。

你认为自己已经准备好迎接各种工程挑战了，对吗？在开始挑战之前，记得先在这张方便实用的项目计划表上列出你的计划。

项目：

○ 明确定义问题

○ 列出可能的方案

○ 选择最佳策略

○ 描述你的设计
　列出材料
　列出工具
　预估成本
　画出设计草图
　列出建造步骤

○ 建造
　列出建造过程中所做的修改

○ 测试
　描述测试方法和结果

○ 修改
　描述测试后做出的改变

○ 分享成果
　写下你的发现

把本页多复印几张，这样用起来更方便，最好不要直接写在书上。

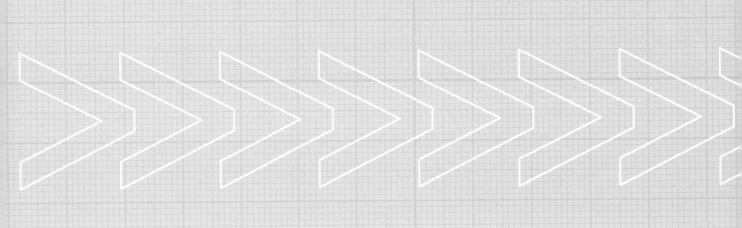

第二章

小工程师养成实战攻略

警告!

这一章有很多很棒的挑战和有趣的解决方案。注意安全,别忘了要有成人在场。快去试试吧!

是不是很期待接下来的重重挑战呢？

接下来就像一个电视游戏竞赛挑战节目，参与者必须用全新的方案来破解难题。

哪位勇士敢于接受这些挑战呢？希望是你！不过你不是一个人在奋战，在这里，美国国家地理的探险家和工程师们将和你并肩作战，一起应对挑战——他们可是一群具有创意思维、志在必得的领军人物，并且善于启发别人！他们拥有克服困难和障碍的丰富经验，以及不畏挫折的心态，他们时刻鞭策自己："我们一定能做到！继续尝试，一定能找到方法！"美国国家地理探险家的事迹更是广为人知，他们曾一次次踏上解决问题的冒险之旅。那么，接下来的挑战能难住这些自称很聪明的人吗？我们走着瞧吧！

游戏规则

接受挑战的人，对，也包括你，必须遵守以下五条原则：

1. 必须在 **24 小时内**解决问题。
2. 方案中只能使用现成的**日常材料**。
3. 可以使用普通的手动工具，但**电动工具一律禁止**。
4. 你可以选择独自**解决问题，或者跟朋友一起**。
5. 必须**遵循工程思维法**找出解决方案。

1. 明确定义问题
2. 头脑风暴
3. 选择最佳策略
4. 设计
5. 建造
6. 测试
7. 修改
8. 分享成果

美国国家地理专家智囊团

你将与**美国国家地理的超级明星们**一起挑战。
他们能想到解决方案吗？
在每一项挑战的下一页找找看*。

认识一下各位探险家： 美国国家地理探险家既是科学家、工程师，又是创新者和发明者。他们处理的都是最具挑战性的难题，例如在深海里与鲨鱼同游、攀登高峰、探索遥远的外星球等。很多时候，你根本不知道现场会出现什么状况，因此敏捷的思维和创新的方案至关重要。

康斯坦丝·亚当斯，太空建筑师

你好，我是康斯坦丝，是一名太空建筑师。我的工作是设计和建造可供人类在太空居住的栖息地，我致力于研究航天飞机和国际空间站的设计。我曾参与的一个项目是合作创建一个可充气的栖息地，以方便人类执行去火星的任务。这个栖息地必须足够小，可以发射，但又必须足够大，保证人们能在里面工作并舒适地生活。

穆娜萨·阿拉姆，天文学家

你好，我是穆娜萨，是一名天文学家，也是一名研究生。我的工作既涉及天体物理学，又涉及自然历史博物馆。为了收集数据，我使用过位于美国亚利桑那州和夏威夷州，以及智利的望远镜，也曾使用过哈勃太空望远镜。我想弄明白太阳系以外的行星上天气是怎样的。

瑞安·伊格尔森，珊瑚礁生物学家

你好，我是瑞安，是一名珊瑚礁生物学家。我的工作是使用遥控潜水器来探索如何更好地保护珊瑚礁。我对珊瑚礁的兴趣始于对海龟的喜爱，后来渐渐发展成了对整个海洋的痴迷。我曾参与了一个项目，观察在大部分珊瑚都无法存活的恶劣环境，比如遭飓风严重毁坏的区域里，芥末滨珊瑚和其他几种珊瑚是怎样良好生存的。

注意： 这些探险家和工程师是专业人士。在尝试他们提出的任何方案之前，请先征求身边成人的意见！

认识一下各位探险家（续）

丹尼丝·波奇－埃斯科，考古学家

你好，我是丹尼丝。我研究南美考古学，特别是前哥伦布文化，即在1492年欧洲人抵达美洲之前的美洲文化。我曾在秘鲁和法国学习，后来成为教授。现在，我是帕查卡马克遗址博物馆的主任。帕查卡马克遗址位于秘鲁，保留了一些古代的金字塔和住所，还有大量文物。早在公元200年，就有人在这里居住！

辛迪·利尤塔库斯－皮尔斯，地质学家

你好，我是辛迪，是一名地质学家，同时也是一名大学教授，我主要研究古代沉积物，以重建过去的环境。每年夏天，我都会前往世界各地，去收集岩石标本、寻找化石、探索偏远的地方。我想探寻地球不断变化的环境对人类进化的影响，甚至包括对远古时代人类祖先的影响。

埃丽卡·伯格曼，深海潜水器驾驶员

你好，我是埃丽卡，负责操纵潜水器和水下无人机。我一直都很喜欢修理出故障的机械和工具，我还喜欢拍照，琢磨照相机的工作原理，去海边或森林里测试我的新发明，检验我学到的新技能。我热爱探索新的地方，无论是陆地上的还是海里的。最新的科技能够让我在海中潜得更深，看得更远，这样我就能对那些我最喜欢的地方有更多了解。

杰夫·马洛，地质微生物学家

你好，我是杰夫，是一名地质微生物学家。从事这份工作使我有机会近距离接触生活在全世界各种极端环境里的微生物。为了了解微生物在恶劣的环境里仍能存活的原因，以及它们对我们地球的塑造作用，我探访过深海和活火山。此外，我的工作还包括探索能否利用微生物制造生物燃料和其他对社会有用的产品，以及能否在它们身上找到更多关于在其他行星上是否存在生命的启发。

塞西莉亚·毛里西奥，考古学家

你好，我是塞西莉亚，是秘鲁的一名考古学家，专攻前哥伦布时期的环境研究，特别是气候和环境在重大的社会变革中所起的作用。比如，我会研究气候变化对文明兴衰的影响，以及农耕是如何改变森林生物多样性的。

认识一下各位工程师： 勇往直前的美国国家地理工程师总是忙个不停，每天不是在实验室里做试验，就是在现场为美国国家地理的探险家、摄影师和工作人员提供帮助。从制造防火的相机套和给狮子佩戴的项圈照相机，到操纵无人机，他们同心协力，想出各种创意十足的方案，一起解决出现的所有挑战。

埃里克·巴肯帕斯
高级总监
美国国家地理远程成像部门

汤姆·奥布赖恩
光刻工程师
美国《国家地理》杂志

迈克·谢泼德
机械工程师
美国国家地理远程成像部门

布拉德·亨宁
电气工程师
美国国家地理远程成像部门

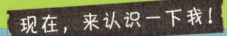
现在，来认识一下我！

琼，作者

我是琼，是这本书的作者。就在我准备把自己的几个解决方案也写到书里的时候，我竟然感到了一点点害怕。我创造问题，但不解决问题，你随便问问我周围的人就知道了！我能应对自己提出的挑战吗？我能克服自己不知从何入手的茫然吗？事实证明，我可以做到！只要按照工程思维法解决问题的流程一步步走，一切都水到渠成。流程里面的一些步骤，比如头脑风暴、选择最佳策略、修改，我写作的时候也会用到。我所需要做的只是不断练习，根本不用害怕！

41

挑战！

吵闹的派对

目标： 在今晚的热闹派对开始前给你的卧室做隔音

情况是这样的：

你最好的朋友就要来你家里参加一场聚会，你们可能会玩到深夜。麻烦的一点是，你的好朋友是个大嗓门，不论室内外说话一贯很大声。你如何使用家里现有的物品来为卧室做隔音呢？当然，你同时还要保证房间不能改造得让朋友们丧失玩耍的兴趣。

美国国家地理探险家的解决方案

第一项挑战： 在今晚的热闹派对开始前给你的卧室做隔音

>> 堵得严严实实

穆娜萨
天文学家

描述一下你的解决方案。

要是给我的房间做隔音，我会使用毛绒玩具、毛毯和枕头。首先要处理的是门，因为门的两边和底部有缝隙，很大一部分声音会通过这些缝隙传到外面，因此我要把它们堵起来。我会先在门上挂一张毯子（有种帐篷或俱乐部的感觉），然后用一圈毛绒玩具把门围起来。之后我会在双层床靠墙的一侧摆上枕头，在其他墙面上都挂上毯子，这样能进一步减弱我们的声音。

你想到的第一个主意是什么呢？

在思考隔音房间的时候，我的脑海中出现的第一个画面就是在墙上堆满海绵填充物，就像录音室一样！所以我构建的方案就是用房间里能找到的物品打造一个类似的房间。

你认为成功方案的标准是什么呢？

我的方案必须使用可以吸收噪声的材料。隔音设备通常又软又厚，用海绵等材料制成，所以我尽可能在我的方案中加入近似的物品。

》》两全其美的城堡

描述一下你的解决方案。

完成这项挑战的关键是，要么让朋友保持安静，要么想个其他的办法减弱声音。我的朋友肯定不会乖乖就范的，所以在减弱声音方面下功夫相对简单一点。我会使用床垫、沙发垫、枕头和毯子建造一座城堡。这些道具能吸收声音，而且我们躲在城堡里玩耍、聊天也很酷。我的朋友绝对不想知道我搭建这个城堡的初衷！

怎样用你的方案解决实际生活中的问题呢？

这个方案是一种很常见的减弱声音的方法。在一些餐厅中，人们交谈产生了很大的嘈杂声，就可以使用这个方案，在餐厅的天花板上安装隔音板，起到降低噪声的作用。

辛迪
地质学家

》》一流的消音器

杰夫
地质微生物学家

描述一下你的解决方案。

我要做的就是阻止从朋友嘴里发出的声波传到父母的耳朵，在声音传播路径上的任意一处都能阻断它。因此，我们只要关注三方面：声音的源头（朋友的嘴巴）、声音到达的终点（父母的耳朵）和两者之间传播的路径。我的解决方案就是要求朋友戴一个消音面具！打扮成外星人或者怪兽的样子也会给晚上的聚会增添些许乐趣吧。

你选择的这些材料和工具有什么特点呢？

我会为我的朋友选一个既透气又能有效隔音的面具。好处显而易见，一个简单的道具就能解决问题！缺点是，我的朋友或许不太愿意整个晚上都戴着一个可怕的面具。

怎样用你的方案解决实际生活中的问题呢？

在声音的源头减弱音量，而不是等声音扩散之后再试着阻断它，这个办法适合很多吵闹的机器，比如飞机引擎、割草机、鼓风机和汽车等。用吸声材料把发动机包起来，或者在建造发动机的时候使用更安静的低摩擦零件，会让城市变得更宜居！

更多解决方案

美国国家地理工程师的 解决方案

在这些方案中,美国国家地理工程师真的捕捉到了声波!

第一项挑战: 在今晚的热闹派对开始前给你的卧室做隔音

埃里克

问题就在于声音会在房间里产生回声,它最终会找到出路离开房间。我们需要在声音离开之前分散它并吸收它的能量。

毯子能分散一部分声音,但更多的是吸收声音。

你可以打开窗户让声音离开,同时用毯子挡住门缝,用来吸收声音。

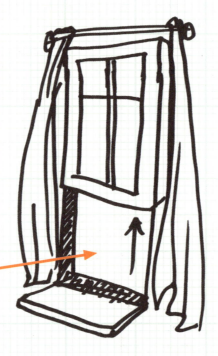

打开窗户,有助于声音扩散。

汤姆

挑战!

糖果保卫战
目标：保护你藏起来的糖果

能发出响声的东西可以用来吓跑小偷，或者用来给你发警报！

情况是这样的：

最近老是发生这样的事，当你回到卧室，发现一些东西不在原来的位置上。你本来把袜子扔到了书包上，现在它们却挪了位置，桌子上的书也不是你之前摆放的角度了。你赶紧去检查之前藏好的糖果，果然不出意料，几乎所有的泡泡糖都不翼而飞。那么，究竟该如何阻止这个"糖果大盗"呢？

第二项

线或细绳可以用来搭建或固定一些东西。

解决方案!

美国国家地理探险家的解决方案

第二项挑战： 保护你藏起来的糖果

>> 暗中观察

辛迪
地质学家

描述一下你的方案。

在靠近糖果存放处的地板上撒一层面粉。任何人踩上去都会留下脚印，这样你就能通过观察鞋底的尺寸或纹路，抓住这个人了。你也可以检查一下家里谁的鞋底上沾有面粉，从而确定小偷身份。以前，我父亲经常跟我和姐姐开这样的玩笑，他说这个办法要用在圣诞节前夜，可以检查我们有没有提前下楼偷看圣诞礼物！

你为什么选择这些材料和工具呢？

很简单！你可以使用家里会留下脚印的任何东西，比如面粉或婴儿爽身粉。这个方案借鉴了法医学上著名的罗卡定律，即接触过的两个物体，都会在对方身上留下痕迹。

怎样用你的方案解决实际生活中的问题呢？

脚印识别法经常应用在法医学领域，作为确定刑事案件嫌疑人的一种方法。撒上粉末识别指纹与撒上粉末识别脚印一样，也是一个确定嫌疑人的好办法。

神奇的镜子

描述一下你的方案。

我的计划是在盛泡泡糖的罐子里放上几面镜子，即使里面装着满满的糖果，也能制造出一种罐子里面空空如也的假象。这很像魔术师常用的手法，他们变魔术的时候会用镜子使箱子看起来是空的。我可能需要在泡泡糖罐的三面摆上镜子，把其中一面对着小偷的方向。

你为什么选择这些材料和工具呢？

刚开始的时候，我考虑的是哪种工具最适合将镜子切割成特定的角度，好制造出完美的假象。后来，我决定就用三四块适当大小的镜子，这是最省力的办法了，只要摆放的角度正确就能制造出完美的假象。但是，如果隐藏不当，或者那人把罐子拿起来，"魔术"就暴露了！

怎样用你的方案解决实际生活中的问题呢？

这个办法能快速在众目睽睽之下隐藏重要物品，而且不需要用太多材料或昂贵的工具，如照相机、运动检测器等。另外，这样布置镜子的手法也可以用来测试动物的智力，看它会把镜子里的影像认成别的动物，还是能认出这个影像是自己的。

瑞安
珊瑚礁生物学家

人赃并获

描述一下你的方案。

我把糖果都放在桌子的抽屉里，所以我会在抽屉把手上贴上双面胶。这样，一旦小偷接触把手，就会在胶带上留下指纹。然后，我会拿它跟几个重要嫌疑犯的指纹做对比。对我来说，一些双面胶和一套指纹提取工具足矣。

当读完挑战内容的时候，你的第一个想法是什么？

起初，我的目标是阻止小偷拿走我的糖果。这种办法虽然保护了我的糖果，但小偷可能还会偷其他人的。所以，想办法确定小偷的身份，而不是仅仅阻止他偷我的糖果，也造福了其他人！

你还想过其他方案吗？

一个想法是用细绳把门把手和抽屉绑在一起，抽屉一旦打开，门就会关闭并上锁，这样就能把小偷困在我的房间里了。我还想过在糖果包装纸上安装一个追踪装置，但这样做的成本太高，而且小偷未必会随身携带糖果。

杰夫
地质微生物学家

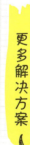
更多解决方案

美国国家地理工程师的 解决方案

第二项挑战： 保护你藏起来的糖果

美国国家地理工程师对这项挑战非常投入，他们想到了一个让人满意但有点复杂的方案。

你需要找一个电脑音箱，它的插头能将墙上插座里的高电压有效降低，转换为低电压，这样你或者弟弟就不会触电受伤，或发生更严重的后果。

迈克

你需要想办法切断电流，只要把其中一根电线剪断就行。

把切口两端一小段塑料皮套分别去掉，露出一截铜线，然后把铜线绑到衣服夹子上。

你的手机

电脑音箱（但不是那种花哨的无线音箱）

插头

在拆任何东西之前，一定先问一下家里的成人！此外，剪电线的时候务必保证电源处于断开状态。

埃里克

将电线两边的铜线分别绑到夹子两侧，夹子合上的时候两侧的铜线要能接触在一起。

挑战！

迷你自行车坡道

目标： 搭建一个自行车坡道的等比例缩小模型

情况是这样的：

你想做些户外运动，多呼吸呼吸新鲜空气，虽然公园里有自行车道可以玩，但是离你家太远了。你决定在自己家后院建一个等比例缩小版的自行车坡道，模拟自行车爬坡运动。为了避免受伤，就用塑料球代替你本人吧！你该怎么建造这个运动设施呢？

美国国家地理探险家的解决方案

第三项挑战：搭建一个自行车坡道的等比例缩小模型

瑞安
珊瑚礁生物学家

>> 速度的游戏

描述一下你的方案。

首先，我会把球放到狗舍的顶部，让球沿着屋顶的斜面向下滚。接着，球会滚到一个带拐弯的小型塑料滑梯里。急转弯之后，球落到滑梯底部的小型蹦床上，由于弹簧的弹性作用，球被弹起来，然后被我抓住。多次重复这个流程，适当做些调整，找到适合自己的速度，同时我也锻炼了身体。尽情呼吸新鲜空气吧！这是非常流畅的一套动作不是吗？

当读完挑战内容的时候，你的第一个想法是什么？

我首先想到的是用家里或后院比较常见的材料来搭这个模型，以及如何在不搭建其他结构的前提下使球加速。因为再另外新建其他结构的话，会占用后院更多的空间。还有，如何用最省时省力的方法让球做出急转弯的动作并加速呢？

你还想过其他方案吗？

我还考虑过用弹弓帮助球加速，利用蹦床以外的其他弹性材料让球弹起。后来我认为这些方案都太复杂了，因为后院里可能没有实现这些方案所需要的材料。我的第一个主意非常简单，就是让球沿着狗舍屋顶向下滚，再弹到后院的栅栏上，最后弹回我这里。不过后来我否决了这个方案，因为球可能达不到那么高的速度，无法从栅栏上弹回来。这也是我选择加上有弯道的滑梯和蹦床的原因。我认为用上这些物品之后，我会更容易抓到球。

在距离上做文章

辛迪
地质学家

你想到的第一个主意是什么呢？它是你想到的最好的主意吗？

制作模型的目的，是要在更小的尺寸上模拟出实际情况下的作用力，这是很重要的一点。我想过用方向相反的两段斜坡来增大加速距离，这种方法能：（a）防止能量在转弯处损耗；（b）增加到达第二段斜坡的距离；（c）利用势能使速度更快，因为在第一段斜坡上，球受重力作用会逐渐加速。这是我想到的第一个主意，也是我认为最好的一个。

你认为成功方案的标准是什么呢？

既增加了加速距离，又能省去搭建急转弯"车道"的麻烦。如果这两段自行车斜坡可以增加从起点到第二段斜坡入口的距离，并且你的速度因此而加快了，那这就是一个成功的方案。我认为，可以用试错法作为这个方案的主要测试方法。

跷跷板方案

琼
作者

在设计这项挑战的时候，我认为探险家们会尝试搭建各种木质的陡坡，或者考虑如何用不同大小的球来进行实验。

建立模型的目标，是找到使物体动量在一个较小的空间里持续增加的方法。我的方案是在"自行车道"地面上挖一个坑，用挖出来的土堆一座小山。我准备把跷跷板固定在小山向下倾斜的一侧，然后让球快速滚到坑里。球从斜坡上滚下来，将获得足够的速度，从而越过小山，到达跷跷板上。当球滚到跷跷板远端的时候，我再猛地一压跷跷板另一端，把球甩到空中。

我会不断试验，当我把握好力度和斜坡的角度之后，我会继续搭建自行车道其余的场地设施。

接着，我可以适当调整场地内各部分的位置，直到找出最佳的排列顺序，使球从一部分滚到另一部分时的能量最大化。

更多解决方案

美国国家地理工程师的 解决方案

第三项挑战： 搭建一个自行车坡道的等比例缩小模型

为了完成这项挑战，美国国家地理工程师想到了院子里的小狗！

 一个球

 石头

在房子周围找一些搭建模型用得上的材料。

 硬纸板

既然后院空间有限，那么可以搭一个斜坡来增加动能，让球在重力的作用下加速。

 布拉德

 汤姆

如果我们按人的大小来建这个斜坡，那么它的起始高度应该和房顶差不多高。但是别忘了，我们要建的是一个缩小模型！那么，房子的缩小模型是什么呢？对了，家里宠物狗住的狗舍！

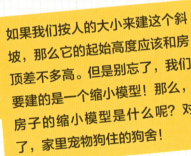

狗狗或许愿意把它的房子借给你。在你做实验的时候，它肯定是没法继续待在小房子里面了！

你可以用家里的门来搭这个斜坡。

埃里克

迈克

等等！我们可没必要拆家，用硬纸板就足够了。

最大限度地利用空间。

你还可以用弹力绳把球弹射到斜坡上，但你这么做的话，可能很快被送进急诊室了！

迈克

挑战！

一次特别的派送

目标：在两扇窗户之间传送物体

情况是这样的：

朋友把从图书馆借来的书落在了你家里，但是很糟糕，你最近染上了流感被隔离起来了，不方便出门把书还给朋友。幸运的是，你们两家的房子紧挨着，卧室窗户之间只相隔 5m。那么，你怎样在不离开房间的前提下，把书递给朋友呢？

美国国家地理探险家的 解决方案

第四项挑战： 在两扇窗户之间传送物体

水手的启示

埃丽卡
深海潜水器驾驶员

描述一下你的方案。

首先，我们需要在两个窗户间建立运输通道。我现在有一根粗绳子，但它太沉了，根本扔不动。我能扔动的细绳又太轻，根本扔不到对面的窗户。为了解决这个问题，我先在细绳的一端打一个重重的猴拳结，再打一个缩绳结，把细绳的另一端接在一根稍重的绳子上。我把有猴拳结的一端扔到朋友的房间，她再扔回来，扔之前我们都将绳子从桌子腿内侧绕过去。这样，在我们的卧室之间就形成了一个"绳圈"，只要拽动绳子，整个回路就会在两个房间之间穿行。这时，我再把一只小桶用另一根绳子绑在绳圈上，把书放到桶里，只要拽绳子就可以把书运过去了。我给绳子打结的方法，灵感来自船上的水手。太棒了，朋友终于拿到书了，阅读时间到！

当读完挑战内容的时候，你的第一个想法是什么？

在船上，当我们想在水手舱的铺位之间传东西时，经常会用这个方法。我得非常擅长给绳子打结才行！接着，我想到了为绳圈创建一个滑轮系统，这样就能转动得更顺畅。不过，我有点犹豫，不确定是否必须用滑轮，也不知道怎样把一个滑轮送到朋友那儿。我在想，如果整个系统的摩擦足够小的话，不用滑轮也能拽得动绳子。

你还想过其他方案吗？

把绳子扔过去是最大的挑战。我还想过在绳子上绑一个重物，比如石头，但转念一想，它有可能会砸碎玻璃或其他东西，那就不好了。所以，我马上否决了这个方案，我更倾向简单明了的问题解决方案。

别想得太难

丹尼丝
考古学家

描述一下你的方案。

最简单的办法是把窗户打开一个小缝,然后把书递给在外面玩耍的小男孩,说不定他正好就是我那个朋友。如果不是,就请他帮个忙把书递给隔壁的朋友。在打开窗户给男孩递书之前,为了安全起见,我会先洗手,并戴上手套和口罩,以免把流感传给其他人。

你为什么选择这些材料和工具呢?

通过戴手套和口罩这种简单的办法,避免把细菌传给别人。我选择找人来送书,因为这是最快、最直接的解决方法,用其他材料可能使我的方案复杂化。

怎样用你的方案解决实际生活中的问题呢?

思考这个问题的时候,我想起了很久之前听过的一个笑话,内容大概是这样的:"宇航员在太空里需要写一些东西,为此,一家宇航局研发了一种十分昂贵的笔,能在失重状态下书写自如,笔倒着也能用,并且能够承受非常高的压力和温度。而另一家宇航局则给了他们的宇航员几根铅笔。"在我看来,在工程方案中使用机械和工具很重要,往往也是最佳的选择,但当我们面对现实问题时,不要过于沉迷科技,避免被科技牵着鼻子走,要知道有时候简单、直接的方案也能达到目的。这一点很重要。

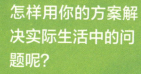

神枪手

康斯坦丝
太空建筑师

描述一下你的方案。

找一根9m长的绳子,在绳子一端绑一个末端有吸盘的箭状物。把"箭"从你的卧室射到朋友的卧室,记得让朋友把窗户打开,并站到射程之外以免受伤。一旦朋友拿到绳子,我就把书绑在绳子的另一端,这样朋友就能把书拖过去了。

你想到的第一个主意是什么呢?它是你想到的最好的主意吗?

我想过直接把书通过窗户扔过去,但意识到书在半空中时,书页会散开,它可能飞不到对面窗户,半路就掉到地上。

你认为成功方案的标准是什么呢?

当然是我的朋友必须拿到书。而且,要保证我的朋友安然无恙,她的房子也完好无损。

更多解决方案

美国国家地理工程师的 解决方案

第四项挑战： 在两扇窗户之间传送物体

在这个科技感十足的方案中，美国国家地理工程师先到太空逛了一圈，然后又回到了地球。

把书页拍下来，用邮件发送给朋友。

布拉德

如果你的朋友只是想读书，而不是非要拿到实体书，你可以用手机把书的内容拍下来，或者用机器把书的内容扫描下来，然后通过邮件发给朋友。这个方法听起来好像不复杂，但实际上是目前最复杂的办法……

别人已经发明的科技，可以用来解决各种各样的实际问题，你只要动动脑筋，想想怎么创造性地使用这些科技就好了。

因为邮件要先发送到太空，然后再传到你的朋友那里。

埃里克

汤姆

现在，如果你的朋友需要实体书，我们得更有创意才行。

布拉德

把几条床单系在一起，做成长绳。

把书放到枕套或书包里，以防破损。

或者，先让朋友在她的卧室墙边垒一圈枕头，避免墙体受损。把书放到枕套里，用胶带捆得严严实实的，然后用上你最大的力气把它扔进朋友窗户。扔之前别忘了告诉朋友站到一旁，以免被砸到。

将绳子的一端绑到装书的枕套上。

把绳子的另一端扔给朋友。

迈克

告诉朋友慢慢拉床单，直到拿到书。

挑战！

被偷走的毛绒玩具

目标：从小溪对岸取回毛绒玩具

情况是这样的：

你们正在外面玩耍，突然一只鹰俯冲下来，把妹妹最喜欢的毛绒玩具叼走了，它把毛绒玩具当成了松鼠。但鹰很快意识到这并不是一顿美味佳肴，就把玩具丢了下去，玩具掉落在小溪的对岸。此时，失去玩具的妹妹正哇哇地哭个不停，哭声让你心烦意乱。那么，你该如何尽快越过小溪取回毛绒玩具，同时不会把身体弄湿呢？

美国国家地理探险家的解决方案

第五项挑战： 从小溪对岸取回毛绒玩具

粘起来准没错

瑞安
珊瑚礁生物学家

描述一下你的方案。

我能保证在既安全又不把自己弄湿的情况下就把玩具拿回来！首先，我会拿一根绳子，没有的话就用树藤或衣服编一根，在绳子的一端绑上石头，保证能顺利扔到小溪对岸。接下来，我会在石头上覆盖一层能粘住毛绒玩具的物质，比如胶带，或者从背包口袋或凉鞋绑带上取下一条塑钩材料，用松紧带或胶带把它固定到石头上。接着把石头扔过小溪，如果能砸中玩具，就能粘住它。这样，我就能把玩具拽回来，也不会弄湿衣服！

你想到的第一个主意是什么呢？它是你想到的最好的主意吗？

我最先想到的是用地上的木头或其他物品，比如汽车轮胎，搭一座小桥。这不是我想到的最好的主意，因为和用绳子相比，它花费的时间更长，我必须尽快让妹妹停止哭泣！此外，如果小溪很深或水流很急的话，这座桥在搭建过程中就会散架。而且，我很难在陆地上测试桥的设计，又不能保证在水里搭建一次就成功。再者，这个办法也太危险了。

你认为成功方案的标准是什么呢？

我的成功标准是：

1. 用到的所有物品要么在附近能找到，要么制作起来很方便。
2. 通过实际演练，检验这个方法是可行的。测试过程包括：找一块与玩具上的毛绒类似的织物材料，把它放在相同距离的陆地上。我会反复测试工具，直到每次都能从相同距离处把物品粘回来。
3. 把毛绒玩具从小溪对岸拿回来的时候，工具要完好。
4. 从开始到结束，营救过程要尽可能快。
5. 我的妹妹不再哭。

"钓"回玩具

描述一下你的方案。

我会用钓鱼竿把毛绒玩具勾回来。实际上,鱼钩很像老鹰的爪子。把钓鱼线甩到对岸,用鱼钩勾住玩具,再迅速地把钓鱼线和玩具一起收回来。我可能要多试几次才能成功,但是,借此机会我也许能练就一身不错的钓鱼本领!另一方面,我也可以让父母帮我把钓鱼线扔到对岸,因为他们可能更有把握命中"垂钓"目标!

你为什么选择这些材料和工具呢?

钓鱼竿很容易操作,只需要这一个工具就能把钩子甩到小溪对岸。而且,比起我自己蹚过小溪,用钓鱼竿降低了风险。在这个方案里,改变普通家用物品的用途,而不是创造新的工具,是关键的一点。

怎样用你的方案解决实际生活中的问题呢?

在设计太空任务的时候,美国国家航空航天局(NASA)的科学家和工程师需要思考如何移动大型物体,比如人和必要的支持系统。人类需要食物、水和空气才能生存,所以要运载他们穿越太阳系到达火星等其他行星就必须花大价钱造一艘大火箭才行。而用机器人取而代之,比如"好奇号"火星探测器,就可以让事情变得简单,而且成本更低。这里我们就借鉴了这个想法,保证了我和妹妹的安全。

杰夫
地质微生物学家

玩具快上钩

塞西莉亚
考古学家

描述一下你的方案。

我会尝试用钓鱼竿"捕获"这只填充玩具熊,其他任何有风险的方法都不在我的考虑范围之内。如果玩具表面很难勾住的话,我会在钓鱼竿顶端系上捕虫网,把它"舀"起来。

你为什么选择这些材料和工具呢?

我选择钓鱼竿,因为它的设计就是用来捕捉一段距离之外的东西。它有一个方便抓握的防滑把手,还有钩子和协助取回物品的钓鱼线。此外,它很容易操作。

怎样用你的方案解决实际生活中的问题呢?

在现实生活中,当东西掉到了很难用手够到的地方,比如井里、石头裂缝中、陡坡上,或者在紧急情况下递送药品或补给品的时候,都可以用这个方案。

更多解决方案

美国国家地理工程师的 解决方案

美国国家地理工程师凭借详细的行动计划，变身为拯救毛绒玩具的超级英雄。

第五项挑战： 从小溪对岸取回毛绒玩具

将"捕熊器"制成降落伞状。

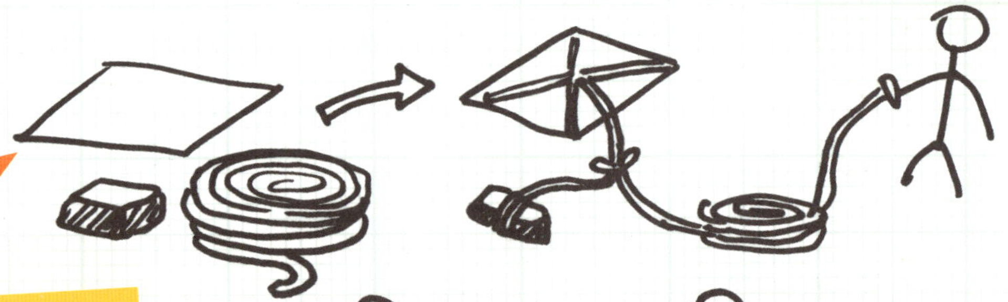

用绳子和防水布制作一个四角的小型降落伞形状的"捕熊器"，在其中一角上绑上石块，为其增加重量，好扔到小溪对岸去。抓住绳子的一端把它扔过去套住玩具，然后拉动绳子把玩具收回来。

汤姆

或者你也可以用胶带或细绳把几根木棍接起来，制成一个长竿。在竿头粘上一大块嚼过的泡泡糖，或者用木条或钉子制作一个钩子，试着把毛绒玩具勾回来。

挑战！

糖果大甩卖

目标：发明一个糖果秤

情况是这样的：

你最喜欢的散装糖果店正在进行大促销。你一时没忍住，一口气买回来5kg的酸味糖果。由于一口气吃太多，你开始胃痛，最后决定把剩下的糖果以每份0.25kg的重量卖掉。在不买秤的前提下，你如何才能准确称出糖果重量呢？

美国国家地理探险家的解决方案

第六项挑战： 发明一个糖果秤

埃丽卡
深海潜水器驾驶员

>> 天平称重

描述一下你的方案。

我将一把尺子平衡在滚珠轴承上，造出一台天平。首先，把滚珠放在一个直径稍小的杯子（比如蛋杯）中。然后，在杯子两侧各切出一个与尺子等宽的凹槽，把尺子放在滚珠上，这样尺子就可以上下晃动，但不会滑落下来。最后，用黏土在尺子两端固定两个相同的盘子。大功告成！一个天平就做好了。现在，我需要一个参照物。这时，我先在一侧盘子上放一个0.5kg的砝码，再从院子里挖一小堆沙子放在另一侧的盘子上，不断调整沙子的重量直到尺子完全平衡。下一步，我把沙子倒入量杯，就能得知它的体积。然后我倒出一半沙子，剩下一半沙子也就只有一半重量了，即0.25kg。现在，我把0.5kg的砝码拿走，倒入剩下的一半沙子，这样我就得到了一个0.25kg的参照重量，可以用它来衡量每份糖果的重量了。

你为什么选择这些材料和工具呢？

用尺子做杠杆臂的好处就是我不用再费力找天平的最佳支点了。我只需要看尺子的刻度，就能找到中间位置。

怎样用你的方案解决实际生活中的问题呢？

当手握两个物体，很多时候你可以凭感觉说出哪个更重一点。但是，如果要追求更高的精度，比如给出售的产品（如鱼、黄金、糖果等）进行称重，就需要用到天平了。

直接等分

描述一下你的方案。

不要称重，直接分。按每份 0.25kg 算，5kg 的糖果可以分出 20 等份。我会每次取出 20 块糖，分别放在 20 个不同的糖果堆里。这样，每份的糖果数量都是一样的，重量也应该是相同的。

你想到的第一个主意是什么呢？它是你想到的最好的主意吗？

我想到的第一个，也是最好的主意就是把全部的糖果平分成 20 等份，运用数学预估每份的重量，而无须再花心思考虑如何称重。当然，这样做的前提是所有糖果的大小和形状全都一样。如果大小不同的话，就很难估计每份糖果的重量了。

你认为成功方案的标准是什么呢？

这个方案用简单的数学知识代替称重。所以，我认为成功的标准就是把全部糖果精确分成 20 等份。而且，这样做也不会损坏任何材料。

辛迪
地质学家

面粉的威力

瑞安
珊瑚礁生物学家

描述一下你的方案。

我的方案是在家里找一件合适的参照物，比如一袋面粉，它的重量和每份糖果的规定重量相同。然后我会用一小块木头和三角形支点做一个简易的天平，把面粉放在一端，然后往另一端加糖块，直到天平达到平衡状态。

你为什么选择这些材料和工具呢？

我考虑过，选择的工具和材料一定要足够坚固，不仅能在两端承受住 0.25kg 的重量，而且能把所有糖果都称重完毕。

怎样用你的方案解决实际生活中的问题呢？

在野外的时候，可以用这个方案来测量科学样本。比如在热带雨林里，由于环境潮湿，或者无电可用，无法使用更精准的电子秤。这个方案的好处之一是它的材料方便携带，所用的都是简单的材料，很轻，很适合在野外探险时随身携带。

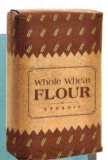

更多解决方案

美国国家地理工程师的 解决方案

美国国家地理工程师用数糖果的方法，动用数学思维解决了这个问题。

第六项挑战：发明一个糖果秤

① 知道总重量。

② 数一数糖果的数量。

③ 计算每块糖的平均重量。

＝ 重量 ÷ 糖的块数

④ 将糖果分成20等份。

数一数一共有多少块糖，然后用总重量除以糖的数量，就能得知每块糖的平均重量。再算一下多少块糖才能达到 0.25kg。

埃里克

这样做没错，但是，如果买家不相信糖果的数量是正确的怎么办？你可以做一台秤来展示每份糖果应该有多重。首先，你要找一个 5kg 的其他东西，并且这 5kg 的东西要能很容易地分成很多小份。

布拉德

你可以使用硬币。

汤姆

把几个硬币摞在一起，凑出 0.25kg，然后把硬币放到秤的一端，在另一端放糖果，直到秤杆达到平衡状态为止。

= 0.25 kg 重的硬币

埃里克

糖果

使秤平衡，从而将糖果分成一样的等份。

硬币

使糖果与硬币达到平衡，从而测出糖果的重量。

用家里的物品，如尺子、两个杯子和铅笔，做一台简易的秤。

汤姆

平衡状态下，已知秤一端物体的重量，也就知道了另一端物体的重量。

挑战!

别让臭虫咬到你

目标： 搭建一个吊床，躲避臭虫叮咬

情况是这样的：

你家屋里进了臭虫，所以今晚全家人准备睡在院子里，而你又不想跟淘气捣蛋的兄弟姐妹还有狗狗睡在一个帐篷里。这时，你灵机一动，想到吊床应该是个不错的选择。现在只有一个问题：其他人都不太愿意为你的"私人寝室"出谋划策。你决定只用室外现有的材料做一个吊床。那么，你如何用没有被臭虫污染的材料完成这个任务呢？

第七项

院子里树木葱葱,谁还用得着墙呢,是吧?

床单虽然坐起来舒服,但它并不是附近唯一可用的布料。

解决方案!

美国国家地理探险家的解决方案

第七项挑战： 搭建一个吊床，躲避臭虫叮咬

瑞安
珊瑚礁生物学家

》》 铺满苔藓的床垫

你想到的第一个主意是什么呢？它是你想到的最好的主意吗？

我的第一个想法是在后院的两棵树中间挂一个睡袋，像茧一样把自己裹起来，这样舒舒服服地睡一个晚上。这并不是我想到的最好的主意，因为从严格意义上来说，睡袋不能算吊床，而且躺在里面也欣赏不到夜晚星空的美景，无法放松享受晚上的美好时光。我只有把脑袋从睡袋里伸出来才能看见东西。我还想过用木制平底长雪橇做吊床，把雪橇两端分别固定到相邻的两棵树上。但转念一想，我决定放弃这个方案。因为木板躺上去会非常不舒服，而且家庭成员不来帮忙的话，雪橇板也太沉，很难挂到树上。

最后，我决定用从车库里找来的材料做一个吊床，其中包括一块标准的防水布和尼龙绳。为了能舒服地躺在上面，我会去找一些蕨类、苔藓和其他无刺的植物，把它们垫在身下，起到隔离作用。如果很难找到足够多植物的话，我会用车库里的海绵，以及后院里四处散落的救生衣来做垫子。要是我能在车库阁楼里找到一个还没受到臭虫污染的睡袋，那它一定是做床的首选！

你认为成功方案的标准是什么呢？

检查吊床上有没有臭虫，要用显微镜或放大镜近距离好好观察一番。此外，还要测试吊床能否承受住我的重量。我会在吊床上放一个跟我差不多重的物体，然后静置几个小时看看效果。这样，我就能知道是否需要换一种更为坚固的材料，或者做一些其他方面的调整。

我认为成功方案的标准是：

1. 利用手边的材料低成本制作吊床。
2. 睡觉的时候不被臭虫叮咬。
3. 吊床要足够舒适，整晚待在上面也不会感觉难受。
4. 设计要能保证我一边看着星星一边慢慢进入梦乡。

>> 舒睡一宿，虫虫没有！

描述一下你的方案。

很简单，找一个大号睡袋和两段长绳子。先用绳子在睡袋两端各打一个丁香结，再用丁香结把两根绳子的另一端系到树上。选择用这种打结方式，是因为当我躺上去的时候，丁香结会向下拽得更紧，而不会被挣开。为了保护树木，我会在绳子和树皮之间塞上硬纸板，以此减少摩擦。现在，拉开睡袋的拉链，爬进这个挂在树间的舒服的茧里，好好睡一觉吧！

你为什么选择这些材料和工具呢？

用睡袋而不是简单的床单，能起到缓冲气流的作用，晚上待在室外我也能更暖和一些。而且，如果有蚊子的话我可以缩到睡袋里拉上拉链，以免被蚊子叮咬。这样看来，睡袋确实是个理想的选择。

怎样用你的方案解决实际生活中的问题呢？

在地球上的很多地方，蚊子会传播疟疾和其他疾病。参考固定吊床时的打结和系绳方式，在树木之间搭起蚊帐，人们就能更好地保护自己。

埃丽卡
深海潜水器驾驶员

>> 羽毛球网吊床

穆娜萨
天文学家

描述一下你的方案。

后院的羽毛球网可以充当我的临时吊床！它很有弹性。然后我会把野餐用的毯子铺在上面，或者其他没有网眼的布料也可以，这样躺上去更稳定一些。我会找几根粗绳子，让父母帮忙把吊床安装在两棵树之间。

你想到的第一个主意是什么呢？它是你想到的最好的主意吗？

我首先想到的是用厚毯子制作吊床，但这个方案并不好，因为这些毯子很可能已经被臭虫污染了。在思考方案的时候来一场头脑风暴简直妙极了，特别是把各种主意的优点结合在一起，就很有可能得到一个很棒的方案！

你认为成功方案的标准是什么呢？

我的标准是打造一个实用、舒适、没有臭虫的吊床。要达到这个标准，我会用后院或车库里的一些材料，它们必须柔软，有很好的弹性，能绑在或安装在树上。

更多解决方案

美国国家地理工程师的 解决方案

第七项挑战： 搭建一个吊床，躲避臭虫叮咬

美国国家地理工程师躺在特制的"卷饼"里，享受了星光下的美妙一晚！

将几条床单展开，一层层摞在一起，然后将床单两端各用一根晾衣绳紧紧地系起来，把两端分别系到树上。这个吊床躺上去的时候，能像卷饼那样把你包裹起来。

你的父母力气更大，所以请他们来帮忙打结吧！

汤姆

把吊床往树上系的时候不要离地面太高，以防万一！

挑战！

沙漠中的生命之水
目标：创造饮水之源

情况是这样的：

你正徒步穿越一片沙漠，寻找半宝石的踪迹。这时，阳光照到地上，反射出耀眼的光芒。它会是你要寻找的黑曜石吗？你蹲在地上，打算近距离观察一下，完全没有意识到水瓶已经掉到了地上！当你发现这只是一小块黑玻璃的时候，才看到水瓶打翻了，水全都流到了沙子里。你如何在不离开沙漠的情况下找到更多的水呢？

美国国家地理探险家的解决方案

第八项挑战： 创造饮水之源

>> 蒸发与凝结

辛迪
地质学家

描述一下你的方案。

利用蒸发作用！快速把沾水的潮湿沙子捧回水瓶里，并盖上瓶盖。白天，在太阳的照射下，瓶子会变暖，潮湿沙子里的水分便会蒸发。当水瓶顶端的空气冷却下来的时候（比如当夜晚来临、气温降低的时候），水瓶顶端的空气中所含的水蒸气就会凝结成小水滴，你就可以把这些水滴倒出来饮用了。重复这个过程，让水蒸气在水瓶上方凝结，直到用完潮湿的沙子为止。

你为什么选择这个策略呢？

这种方法似乎是最能合理利用自然环境的一种方法。平时白天的时候我经常会随身带着一瓶水，到了晚上，我有好多次都忘记把剩下的半瓶水从车里拿出来。第二天一早，经过了凉爽的一晚，我发现瓶子上方总有凝结的水滴。我几乎每天都能看到这个现象，这使我想到，如果你能模拟这一现象（周围的环境温度先是比较高，然后再冷却下来），你就能把沙子中的水取出来了。

怎样用你的方案解决实际生活中的问题呢？

生活在沙漠里的甲壳虫和其他生物就是用这种办法饮水，所以这个方案是可行的。例如，生活在非洲西海岸纳米布沙漠里的甲壳虫，整晚都倒挂着，这样它们身体上凝结的露水就会顺着身体流下来，最终流进它们的嘴里。这是在沙漠中"造"水的好办法。在干旱的地区，你也可以这样做，即尝试收集冷凝的水，只是与甲壳虫相比规模更大而已。

">> "仙人掌"牌储水器

丹尼丝
考古学家

描述一下你的方案。

我知道仙人掌体内富含水分。所以，我的方案是先找到一种体内储存的水分可以安全饮用的仙人掌。要知道，并不是所有仙人掌的水都能安全饮用哦！在从家里出发之前，我仔细挑选了几种工具，把它们放到工具袋里，让狗狗背着。找到安全的仙人掌之后，就该这些工具登场了。我先用抗菌凝胶和湿巾将刚才找到的玻璃清洁干净，然后在仙人掌的一侧用刀子划一个深深的小口子，把玻璃插进去，让它起到阀门的作用。如果没有刀子的话，也可以用玻璃来划。把玻璃拿出来，我就能用水瓶收集仙人掌流出的水滴了。

你为什么选择这些材料和工具呢？

当你收拾包裹准备去野外的时候，很重要的一点是要做好万全的准备，以应对可能出现的紧急情况。如果随身带着一些基本工具和急救用品，我就会更放心一些。我想起了从枫树上采集树汁制作枫糖浆的方法，于是想到了从植物中"取水"这个方案。

怎样用你的方案解决实际生活中的问题呢？

在现实生活中，如果你出发前往任何存在潜在危险的地方，要先想一想一旦发生了紧急情况，你能做什么。向仙人掌研究专家请教哪种仙人掌里面储存的水是可以安全饮用的，或许能在沙漠中救你一命。

>> 树叶登场！

琼
作者

我会用一个透明塑料袋、鞋带和一段长满树叶的树枝来收集水。这段树枝必须足够结实，能承受住水的重量，树木也要无毒的，并且树叶上没有蜡。我先找一段树叶最多的树枝，然后用袋子把它包裹住，最好让袋子像气球一样充满空气。系袋子的时候，袋子应该是倾斜着的，这样更容易接住水。把袋子系紧之后，我再用鞋带把袋口扎得更紧，以防袋子漏气或者掉落。要保证袋子里的空气不会跑出来，所以袋子上不能有洞。

植物体内的水分通过叶子散失到空气中，这一过程称为蒸腾作用，我的方案正是利用了这个原理。当阳光照到袋子上时，从树叶中蒸腾出来的水分将流进袋子里并储存在底部，而不会蒸发掉。之所以用塑料袋，是因为它能留住树叶周围的热空气，这将进一步加快树叶的蒸腾作用。如果我有更多袋子和鞋带的话，我就可以收集到更多的水。

更多解决方案

美国国家地理工程师的 解决方案

第八项挑战：创造饮水之源

美国国家地理工程师深入钻研了这个问题。并且，他们在解决问题的过程中还找到了一个垃圾回收再利用的方法！

挖一个洞。

把湿沙子放在洞的底部。

你需要找一个塑料袋。

埃里克

在这里放上你的水瓶或小桶。

那应该挺容易的，因为沙漠里随处可见塑料袋。可以回收再利用！

水分会蒸发，然后在塑料袋的内侧凝结。

迈克

埃里克

挑战!

拯救哥哥的浪漫约会

目标：在后院造一个瀑布

情况是这样的：

你的哥哥快崩溃了。他邀请了女朋友到家里来，准备一起在后院的瀑布旁享受一顿浪漫野餐，但是没想到，给瀑布供水的小溪如今却没水了。这个为情所困的可怜人承诺，只要你能想办法让瀑布的水流恢复至少1小时，他就教给你投篮假动作的诀窍。你答应之后，哥哥还不忘提醒你花园里没有水管可以用，因为水管已经被父母锁进小木屋了。你如何才能在后院变出这个瀑布魔术呢？

美国国家地理探险家的解决方案

第九项挑战： 在后院造一个瀑布

瑞安
珊瑚礁生物学家

沟渠运水

描述一下你的方案。

我的方案是用铁锹在地上挖一条类似灌溉渠的小沟，将水从后院的水龙头引到瀑布的小溪里（水管虽然被父母拿走了，但是水龙头还在）。在测试过程中，我发现水龙头处的水压很高，喷出的水甚至能在地上崩出一个深坑，把土溅得到处都是。为了防止高压水侵蚀土壤，我在水龙头下面的地上放了一块木板。这样既能损耗高压水的一部分能量，也能避免把水弄脏。

用水沟运水是一种很古老的方法。实际上，我是借鉴了过去和现在灌溉渠的做法，设计灌溉渠就是为了把水输送到干旱的地区。

你想到的第一个主意是什么呢？它是你想到的最好的主意吗？

我首先想到的主意是把塑料防水布对折，搭成一段"滑梯"，这样把水运到小溪和瀑布里。但这不是我想到的最好的办法。因为，水从塑料布上流过的声音可能很大。此外，把几块防水布挂起来也不是件容易的事，而且这样也不美观，极有可能使野餐的美好体验大打折扣！我还考虑过把水桶灌满水，搬到小溪或瀑布的源头，然后拔掉桶上的塞子，这样就能形成一股持续的小水流。不过，我否定了这个方案，因为水流要想支撑到野餐结束，可能需要好多桶水。

你认为成功方案的标准是什么呢？

1. 流入小溪河床的水量要足够多，保证在野餐期间瀑布里都有水。
2. 用到的材料既不能太显眼，也不能太碍眼。
3. 要考虑噪声问题，设计一个相对安静的方案。

筑坝与放水

描述一下你的方案。

我的方案需要精心策划，还有大量的体力劳动！我并不打算永久地改变小溪的生态系统，因为生活在那里的植物和动物已经完全适应了它的自然状态。要使瀑布再次流淌起来，我会用石头、树枝、树叶、沙土和泥巴建一个堤坝，把小溪的上游堵住，这样形成一个临时的大水池。等到野餐的时候，我就把上游储存的水放出来，这样瀑布就能恢复了。

你为什么选择这些材料和工具呢？

虽然建造这个堤坝要耗费大量材料才能满足我们的需求，但像石头、树枝、泥巴、沙土和树叶都是现成的。用来搬运这些材料的工具，如铁锹和桶，也都是常见的家用工具，很容易操作。这是一个技术含量比较低的方案。

怎样用你的方案解决实际生活中的问题呢？

在防洪和农作物灌溉方面，都会涉及装盛和转移液体这一块。人们建造水库，不仅可以为农田提供可靠的水源，还可以保证河里的水流持续、安全，而且还能用来发电。这些都是对社会有益的地方，但是，我们也应该考虑到，当对河流的改变过大时，可能会对当地的动植物造成干扰甚至潜在的伤害，记住这一点很重要。

杰夫
地质微生物学家

踏板水泵

埃丽卡
深海潜水器驾驶员

你想到的第一个主意是什么呢？它是你想到的最好的主意吗？

我想过用自行车零件制作一个水泵。首先，把自行车后花鼓的轴与只有一个进水口和出水口的密封水桶连在一起。转动踏板会产生压力，从而把水压到瀑布顶端。我认为这是个好主意，但还不是最好的，因为如果没有水管的话，就没法完成这个设计。

你认为成功方案的标准是什么呢？

我选择用水管把水抽到小溪里，形成高压层流水流——就像喷泉那样持续不间断的一层层水流。成功与否取决于喷嘴能否把水喷得足够远。此外，喷嘴的位置要调整好，以避免水流碰到其他硬物体而四处乱喷。水管和水桶不能有漏水的地方，不然会降低水压。

更多解决方案

美国国家地理工程师的解决方案

为了营造一个完美的浪漫之夜，美国国家地理工程师就算把手弄脏也在所不惜。（在"改造"后院或房子之前，别忘了先询问父母！）

第九项挑战： 在后院造一个瀑布

用坑里挖出的土建造水坝。

蓄水池

汤姆： 你可以在瀑布顶端建一个蓄水池。你哥哥或许更强壮一点，所以喊他来帮忙挖个坑吧。在坑上面铺上一层防水布，再让他运点儿水过来。你只要在恰当的时候把"水坝"打开就行了。

布拉德： 这个工作量可不小。我想那个女孩看到此情此景，会愿意跟他白头偕老的。

挑战！

讨厌的蚊子
目标： 设计一身防蚊服

情况是这样的：

你的朋友们要来你家里庆祝一年中最重要的一天——"海盗聚会日"。你也在认真地做准备，但当你调整你的"钩子手"的时候，窗户边一阵刺耳的嗡嗡声引起了你的注意。原来是一群蚊子正聚集在房子周围，这对于一会儿就要抵达的客人来说可不是件好事。于是你决定把聚会改到车库举行，但你要走到车库，就不得不穿过这群咬人的小东西。那么，你打算制作一件怎样的防护衣，既可以保护你不受蚊子叮咬，又契合海盗聚会的主题呢？

第十项

海盗道具在防止蚊子叮咬方面大有用处。

蚊子很讨厌,但它们攻击人都是有原因的。如果你知道它们的目标是什么,就能领先一步!

解决方案!

美国国家地理探险家的解决方案

第十项挑战： 设计一身防蚊服

恐怖小鬼装

杰夫
地质微生物学家

描述一下你的方案。

我打算结合一下万圣节和"海盗聚会日"的元素，以海盗鬼魂的形象亮相。当我"复活"之后，我再安上钩子手，扎上印花大头巾。现在，我先从床上取下白色床单，把自己从头到脚裹个严严实实，再从蚊子群中穿过。这是个有效的方法，因为床单把我全身都盖住了，在我和蚊子中间建起了一道屏障。此外，对很多昆虫来说，白色床单就像隐形斗篷一样，它们更容易被鲜艳的颜色吸引。

当读完挑战内容的时候，你的第一个想法是什么？

我首先想到的是穿有保护作用的衣服，或者设法把蚊子引向院子的其他地方。通过我的方案，首先使蚊子不容易察觉到我，其次，如果它们飞过来对我这身奇怪的服饰一探究竟的话，床单也能起到屏障作用。

你还想过其他方案吗？

我还想过不同的化装服方案。比如锁子甲怎么样？穿起来太热，而且穿上更像中世纪的骑士，不像有传奇经历的海盗。打扮成永无岛上追逐胡克船长的鳄鱼？或许可行，但相比白色，绿色更容易引起昆虫注意。

全副武装

你想到的第一个主意是什么呢？它是你想到的最好的主意吗？

我首先想到的是用大号床单把自己裹起来，再用胶带把开口处封住。这不是最好的选择，因为床单太薄，蚊子能透过它咬到你。我认为最可行的方法是在海盗帽周围挂一圈防蚊网，再穿上厚亚麻裤子（别忘了用胶带把裤脚扎紧）、长袖衬衣和厚背心，双手再戴上钩子。这样，所有蚊子都不会咬到我了。

你认为成功方案的标准是什么呢？

我的衣服必须足够厚，能够抵挡住蚊子的叮咬，而且它也要非常符合海盗聚会的主题。长袖带纽扣的衬衣虽然提供了很好的保护，但仍然会让我看起来像水手一样。此外，这个方案不能干扰我的视线，这才能算得上成功的方案！头上罩上网不仅可以防蚊，也不至于阻挡我的视线。

埃丽卡
深海潜水器驾驶员

跳出盒子，还在屋里

瑞安
珊瑚礁生物学家

描述一下你的方案。

为什么把聚会挪到外面去呢？照旧在房子里举行也会很有趣，而且也很安全。前来参加聚会的客人先穿上我为他们准备的防水连体裤，连体裤的腕口和其他开口处都可以密封起来，这样蚊子就进不去了。面部防护采取佩戴击剑面罩的方式，但把它装饰成19世纪潜水服的样子。客人们佩戴整齐后，将看到写着"抵达海底世界"的指示牌，然后穿过摆放在蚊子群旁边的海洋主题布景进入房子，进门后可以选择脱下这身衣服。

你想到的第一个主意是什么呢？它是你想到的最好的主意吗？

我想到的第一个主意是安排每个人都穿很厚的化装服，把胳膊和腿全都遮住，这样就能保护大部分身体了。我觉得这个主意不够好，因为全天穿成这样会很热、很不舒服，而且脸依然暴露在外边。我还想过用网把有蚊子聚集的区域围起来，在客人和蚊子之间建立一道屏障。我否决了这个方案，因为用网把有蚊子的区域全都围起来既费时又费力，并且我不能保证蚊子不飞出来，也不能保证拉网的时候蚊子全都乖乖地待在里面。

更多解决方案

美国国家地理工程师的 解决方案

第十项挑战：设计一身防蚊服

美国国家地理工程师为了这个问题忙得团团转！他们确实想到了几个很不错的方案。

围上网状物或者面纱，可以在不遮挡视线的情况下保护面部。

如果你能把聚会的主题扩展一下，把维多利亚时代囊括进来，你甚至可以把姐姐的芭蕾舞裙偷来，用来保护面部。

迈克

多穿几层衣服，蚊子就咬不到你了，还有助于装扮你的海盗形象！

汤姆

我准备另辟蹊径，想一个与众不同的答案：忘了衣服的事吧，用烟试试！蚊子可恨它了！

注意！在现实生活中，千万不要尝试点燃火把，这是很危险的！你根本不知道火和各种材料会发生什么反应！

海盗火把！海盗总是举着火把进入洞穴，去拿他们藏在那儿的宝藏。

汤姆

挑战！

熊孩子的游乐园

目标： 为小家伙们建一个室外游乐场

情况是这样的：

你的叔叔、阿姨们准备来家里做客，这意味着一群熊孩子将入侵你的领地。你担心这群小家伙会破坏你的各种珍贵物品，所以唯一能阻止他们这样做的方法就是让他们一直待在室外。现在的问题是，你家后院并没有游乐场。那么，你打算建一个怎样的超级游乐场，能让这群孩子待在室外玩好几个小时呢？

美国国家地理探险家的解决方案

第十一项挑战： 为小家伙们建一个室外游乐场

各就各位，预备，跳起来！

琼 作者

在写这项挑战内容的时候，我觉得探险家们会利用车库里的工具来模仿建立一些游乐场设施。一旦我开始开动脑筋想点子，根本就停不下来了！

这项挑战的难点之一，是要保证你想到的方案有足够的吸引力，能让孩子们玩上好几个小时。你还要考虑不同孩子的年龄、兴趣和能力，让他们都能乐在其中。我的最佳方案是把后院变成一个障碍赛场地，并且可以随时调整。

我的方案是这样的。首先，用图钉在地上固定两条卷尺，分别代表赛场的起点和终点。在场地内摆上一连串可以供孩子们跨越的圆木头，几个可以跳进跳出的轮胎。如果后院有树的话，还可以在树上系上绳子，人可以抓住绳子从微喷洒水器上方荡过去。还可以加入扫帚平衡环节，要求参与者在行走的过程中用手托举着扫帚，并始终保持扫帚的倒立和平衡状态，参与者年龄是几岁就走几步。此外，还可以调整篮筐的角度，将几只袜子卷成团，以备投掷之用。然后，演奏一曲爵士乐，在两棵树之间放上一根杆子，让他们用跳林波舞的方式穿过去。你还可以将几个锯木架排成一排，小朋友们可以从下面爬过去，还可以在地上摆放一条长长的窄木板或者宽绳子，做一组低难度的"平衡木"挑战。

让孩子们玩上几个小时并不难。在后院挂上一张写着每个人名字的海报，用秒表为每个人的第一次试跑计时，然后记录下试跑成绩，再鼓励孩子们去挑战自己的最佳纪录。

这个方案是可行的，因为圆木头、扫帚、卷成团的袜子及障碍赛所用到的其他物品一般不会用来当作玩具，所以孩子们第一次玩这些东西会感到很新鲜。以意想不到的方式使用某个物品的时候，不仅能让大家大吃一惊，而且也很有趣。不过，就像真正的游乐场那样，在使用之前必须先检查它的安全性，这一点非常重要。所以要找一个成年人做你的安全检查员，检查完毕后就可以尽情玩耍了！

>> 堆箱子

描述一下你的方案。

我意识到,想出的方案要尽可能激发孩子的创造力,那些能让孩子长时间保持兴趣的活动都具备这个特点。我决定找50个立方体形状的硬纸板箱,用胶带把它们每一个的开口都封起来,再给它们涂上不同的鲜艳颜色。孩子们也能用各种颜色的涂料在箱子上画图案,再把箱子堆成他们想象的任何形状。这些大积木不仅有助于激发他们的想象力,发挥他们的建筑技巧,还能让他们快乐地玩耍好几个小时。

你为什么选择这些材料和工具呢?

这个方案利用的是能组装在一起、需要的时候还能快速取下来的材料。用箱子、胶带和涂料的好处是它们在家里很常见,而且不贵。为了打消孩子们往搭好的箱子上爬的念头,我选择的硬纸板箱都不算太结实,根本无法承受住小孩的体重。但是,这个设计也有一个潜在的弱点,就是它只有在干燥的天气里才能用。

瑞安
珊瑚礁生物学家

>> 迷人障碍赛

穆娜萨
天文学家

描述一下你的方案。

我会打造一个终极版的后院障碍赛场地!我可以按一定规律摆好盆栽,让各位小伙伴要么蛇形跑过去,要么跳过去。之后,我会把还没用过的空花盆倒过来,充当孩子们前进路上的垫脚石。接下来,我会拿两把椅子,把它们背对背摆在一起,让它们的后腿略微倾斜,做成一个"椅子隧道",孩子们可以从下面爬过去。如果能找到球的话,我还可以做一个滑梯。我先把晾衣架右侧的半数绳子解开,把绳子斜着固定到地面上。然后,我会在绳子上面系上一条毯子,这样就形成了一个滑梯!我还将制作一个滑轮系统。找一根绳子绑到篮子上,再将绳子从上方甩过晾衣架左侧的绳子。小朋友需要拉动绳子,将装球的篮子拉到晾衣架顶端,再让球沿着滑梯滚下去!如果小朋友对这项挑战赛玩腻了,我们可以改变挑战的顺序或难度,让孩子们始终保持兴趣,继续玩耍。

当读完挑战内容的时候,你的第一个想法是什么?

当我第一眼看到可用材料的时候,我有点犯难了。我怎么才能用盆栽和篮子,让孩子们几个小时都有事可做呢?真正吸引我注意的是后院的结构,它启发我想到了设置障碍赛场地这个主意!

更多解决方案

美国国家地理工程师的 解决方案

为了这项挑战,美国国家地理工程师可是充分调动了他们的想象力,以及内心的童趣!

第十一项挑战: 为小家伙们建一个室外游乐场

你可以把车库或者艺术用品柜里的材料都搜集到一起,或者找找家里其他可用的东西。

汤姆

硬纸板箱、记号笔、想象力……有这些就足够了!

你还可以把硬纸板箱当成飞机的驾驶室。

布拉德

用胶带把硬纸板箱粘到一起，形成一个隧道。

剪出窗口。

迈克

把几个箱子用胶带粘在一起，打造一条长长的隧道。在箱子上剪出几个窗口，当孩子们在隧道里爬着玩的时候，从开口处放几个动作人偶进去。

如果你了解小孩的话，你就会知道哄他们开心一点都不难。你可以把毯子盖到椅子上。你猜怎么着？他们能快快乐乐地玩上好几个小时！

埃里克

挑战！

响当当的硬币
目标：制作一个硬币分类器

情况是这样的：

周末，你家庭院里举办了一场旧货售卖会。由于你帮了不少忙，爸爸说收到的零钱全归你了。不过有个条件，你得把其中80%的零钱存到你的储蓄账户上，银行明天上午10点开门，你得在这之前数清楚零钱。你觉得，一个个挑出25美分、10美分、5美分和1美分的硬币太枯燥了，肯定还有更有趣的数钱方式！那么，你想如何快速地给硬币分类呢？

美国国家地理探险家的解决方案

第十二项挑战： 制作一个硬币分类器

瑞安
珊瑚礁生物学家

》》分开滑落

描述一下你的方案。

为了快速计算硬币的总数，我会找一卷生日礼物的包装纸，然后把里面的纸筒取出来。下一步就是在纸筒上按照从小到大的顺序勾画出每一种硬币的形状，并用剪刀剪出相应的圆孔。相邻圆孔之间的间隔距离要相等。将纸筒以45°角固定，可以靠在家具或者踏脚凳上，然后在每个圆孔下方摆放一个空的硬币卷筒。在给硬币分类时，把硬币缓慢地通过纸筒的中心线倒入纸筒中，这样每个硬币都会从它对应的圆孔中掉下来，较大的硬币会划过前面的小圆孔，从大圆孔中掉出来。

我发现，如果一次性放入太多硬币的话，会在纸筒内造成堵塞，延长硬币分类的时间。限制每次放入的硬币数量就能解决这个问题，这样不仅能防止堵塞纸筒，还能缓解纸筒受到的压力，避免损坏纸筒。在选择最终策略的时候，我考虑了纸筒以多大的角度倾斜才能达到最佳的分类效果，纸筒的坡度必须让硬币滑得足够快，以克服硬纸板的摩擦力，但又不能太快，这样不同类型的硬币才能从对应的圆孔中掉出来。我还考虑了硬币的重量，以及哪种材料更合适，这种材料必须足够结实，能承受住硬币的重量，同时又能根据分类是否顺畅，方便地进行调整。

当读完挑战内容的时候，你的第一个想法是什么？

我最先想到的是用某种旋转机械，将硬币按不同重量分类。这并不是我想到的最好的主意，因为这种方法更为复杂，可能出现误分类的情况，而且仍然需要我手动数一数每种类型的硬币数量是多少。我理想的方案是，搭建过程不能超过1小时，还要在1小时之内完成分类工作。

》》分层筛网

辛迪
地质学家

描述一下你的方案。

我会利用不同的硬币大小也不同这一特点把各种面值的硬币筛出来,这些硬币从大到小的顺序为:25美分、5美分、1美分、10美分。我把一块硬纸板折成V形,在纸板底部剪几个直径刚好比25美分硬币小的孔,这样就能让小的硬币从孔里掉下去,得到25美分的硬币。再多折几个纸板,在纸板底部剪的孔也要逐渐缩小一些,能分别截住不同面值的硬币。你还可以把几个纸板套在一起,制成一个筛选器。当把硬币放进第一层"筛网"的时候,25美分的硬币就会被截住,其他硬币则掉落到第二层"筛网",第二层"筛网"会截住5美分的硬币,下一层再截住1美分的硬币,再下一层截住10美分的硬币。

怎样用你的方案解决实际生活中的问题呢?

在地质学上,用筛网摇晃物体是一种标准的分类技巧,我们会用这种方法将沉积物按颗粒大小(即直径)进行分类。筛网可以用来将各种不同大小的物体进行分类,比如为超市准备的农产品和鸡蛋,就会用这种方法进行大小分类。

》》借助水流

杰夫
地质微生物学家

描述一下你的方案。

在山间的小溪中就能看到自然界的分类过程,像小鹅卵石和沙子这样的小物体都会被小溪冲到水流相对平缓的区域。之所以发生这种现象,是因为大小不一的石头,需要施加不同的作用力才能搬动它。我准备将这一原理用于硬币分类,这些硬币有着不同的重量,在流水的作用下会移动不同的距离。我先把所有硬币都放到一个缓坡上,再往上面浇几桶水。理论上,25美分的硬币位移最小,而10美分的硬币位移最大。

你想到的第一个主意是什么呢?它是你想到的最好的主意吗?

早餐吃的麦片给了我第一个启发。在大多数麦片盒里,所有的麦片碎片都会从大麦片之间的缝隙掉到盒子的底部。如果换成摇晃一盒硬币,这种方法还行得通吗?或许吧,但可能效果不太好,因为这种方法最适合给重量和尺寸都差别很大的圆形物体分类。

你认为成功方案的标准是什么呢?

把不同面值的硬币彻底分离,就是一个成功的方案,但这也意味着要做大量的工作。我更倾向于使用时间管理策略,在短时间内先分离出大部分的硬币。

更多解决方案

美国国家地理工程师的 解决方案

第十二项挑战： 制作一个硬币分类器

看到美国国家地理工程师想出的方案，你或许会说："有好多洞洞啊……"

我会拿一个桶，在桶上抠出几个刚好比25美分硬币稍小一点的洞，然后我再把所有硬币都倒进桶里，摇晃它，直到所有尺寸比25美分小的硬币都从桶里掉出来。

从硬币堆中找出不同金额的硬币各一枚，按从大到小的顺序排列，然后测一测它们各自的直径大小。

埃里克

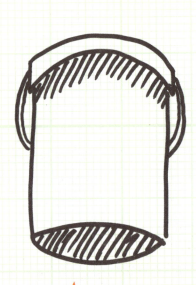

在桶的底部抠出几个洞，分别比25美分、5美分和1美分硬币稍小一点。

现在，再弄出几个恰好比5美分硬币小的洞，这样就能收集到所有的5美分硬币。（重复这一过程，直到不同面值的硬币被彻底分离。）

布拉德

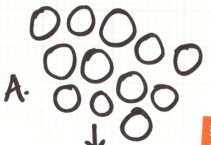

这次庭院售卖会收到四种硬币,其直径从大到小依次为:25美分、5美分、1美分、10美分。当然,美国还有50美分和1美元的硬币。

— 汤姆

摇晃硬币,使尺寸较小的硬币从小洞里掉出来。

洞要更小一些,才能不让1美分硬币掉下去!

洞要再小一点才能不让5美分硬币掉下去。

如果换成你们国家的硬币应该怎么做?

— 迈克

挑战！

天然的烤箱

目标：用太阳烤苹果

情况是这样的：

这个夏天简直太热了，艳阳高照，万里无云，你上一次看到云彩还是九天前的事。今天正好轮到你来做甜点，但是妈妈说天气太热了，不能使用厨房里的烤箱。尽管如此，你还是迫切地想炫耀一下自己研制的超级美味烤苹果。在只能借助太阳能量的前提下，你如何来烹饪这道美味佳肴呢？

美国国家地理探险家的解决方案

第十三项挑战：用太阳烤苹果

>> 用锡纸留住热量

琼
作者

锡纸使用起来很方便，我预计它将出现在大多数方案中。在写这项挑战的时候，我想象过人们把金属水桶变成烤炉、把比萨盒做成烤箱的样子。在构思我自己的方案时，我先列出了家里或车库里找到的能保温、加热或反射热量的物品：

1. 锡纸
2. 铸铁煎锅
3. 放大镜
4. 金属过滤器
5. 鱼缸
6. 金属蒸锅
7. 盛水的透明壶
8. 汽车遮光板
9. 隔热午餐包
10. 保温杯
11. 馅饼盘
12. 饼干烤盘
13. 水
14. 圆盘式卫星天线
15. 保鲜膜
16. 小型温室花园

看了几遍清单，我想到可以把几个物品组合在一起，制作一个最热的烤箱。第一步是用锡纸把苹果包住，锡纸光亮的一面朝内，这样可以将热量持续反射到食物上。然后把苹果放到一只小小的铸铁煎锅上，因为铁能吸收并留住热量。接下来，我把煎锅放进空鱼缸里，把鱼缸放进圆盘式卫星天线里，再一起放到小型温室花园。最后，我会在卫星天线的一侧垫上几个盘子，使它可以正对着太阳。

这样做应该就足够了，但是我太饿了，我想到在"烤箱"周围摆上更多反射性强的物品或许能加快烹饪过程。首先，我把汽车遮光板和饼干烤盘斜放到"烤箱"旁边的椅子上。再找来几把雨伞，用锡纸把它们包起来，然后把它们摆放在合适的位置上，使它们反射的阳光都聚焦到"烤箱"上。最后，我拿出一卷保鲜膜，在椅子和雨伞的上方和四周缠上一圈，这样就在"烤箱"外面又造了一个"烤箱"。哎呀，我在这个方案里用了太多材料！我担心，妈妈以后可能再也不让我做饭了。

光学烤箱

瑞安
珊瑚礁生物学家

描述一下你的方案。

我将运用光学和几何学知识来烹饪苹果。我先到室外，在通向住宅的沥青车道上选出太阳照射最强烈的区域。然后在周围摆上几面镜子，镜子的摆放角度要能将正午太阳发出的光线反射到一点上，光线汇聚的这一点就是我大显身手的地方。反射的室外光线将把苹果烤熟，而不会增加房子里的热量。最开始的时候很难达到烤熟食材所需要的高温，于是我又增加了几面镜子，这样温度升得更快了。我希望在室外烤的苹果能和在厨房里用烤箱烤出来的一个味道。

你为什么选择这些材料和工具呢？

我的方案要想成功，需要找几面镜子和一块黑色沥青表面，以尽可能多地吸收正午太阳的热量。这些材料的优势在于它们很常见，成本不高。这个方案的缺点是，要想知道镜子焦点处的准确温度十分困难，而且整个系统能不能正常工作要看天气情况。如果我选择在后院的篝火旁烤苹果的话，我会准备充足的木头、纸和树枝，并且让火烧得时间长一些。

人行道甜点

丹尼丝
考古学家

描述一下你的方案。

我的方案是在人行道上烹饪苹果。首先，用锡纸把每个苹果分别包起来，然后，将它们放到铁盘里，在铁盘上面盖一层锡纸，再把铁盘放到人行道上。最好在正午前后，即一天中最热的那几个小时里进行这项烹饪工作。

你为什么选择这些材料和工具呢？

我选择用铁盘和锡纸，是因为它们的表面能快速升温，足以把苹果烤熟。我把"烤箱"放到混凝土铺成的人行道上，因为我曾在炎热的夏季见过人们在路面上煎鸡蛋，所以我知道路面温度很高，路面可以为铁盘提供热量，再加上太阳的照射，保证能把苹果彻底烤透。

怎样用你的方案解决实际生活中的问题呢？

在那些很难喝到纯净饮用水的炎热地区，可以用这种方法烧开不太干净的水。

更多解决方案

美国国家地理工程师的 解决方案

当涉及食物的时候，美国国家地理工程师可一点都不含糊。他们知道好多种烹饪苹果的方法！

第十三项挑战：用太阳烤苹果

锡纸　　玻璃/窗玻璃

把纸箱盖子的四面及内侧四周都包上锡纸，再把它们都竖起来，让它们对准苹果。

迈克

找一个纸箱，如果是金属箱子效果会更好，但纸箱也可以。把苹果放到箱子里，然后找几块硬纸板用锡纸包起来，将包着锡纸的硬纸板对准食物。

好像我们离美味不远了！

布拉德

挑战!

辣椒酱惹来的麻烦

目标：清理泳池里的辣椒酱

情况是这样的：

你邀请小伙伴们到家里来参加泳池聚会，但你却违反了泳池的黄金法则——永远不要在水里吃东西。就在你准备把辣椒酱倒在墨西哥卷饼上的时候，不知从哪里突然飞过来一个沙滩球，"啪"的一声打在你的额头上。你手上拿的一大瓶辣椒酱掉进了泳池里，辣椒酱开始在清澈的池水中扩散开来。你如何在不排干泳池里水的前提下，把辣椒酱彻底清理干净呢？

辣椒酱是用什么做成的？这条信息可能很重要。在回到泳池之前，你可能需要先戴上你的泳镜。

美国国家地理探险家的 解决方案

第十四项挑战： 清理泳池里的辣椒酱

埃丽卡
深海潜水器
驾驶员

》 防止扩散

描述一下你的方案。

呀！我要做的第一件事就是赶快把洒出来的辣椒酱控制住，不让它扩散！首先，我会把泳池的喷嘴和水泵关掉，防止水和周围的辣椒酱混在一起。然后，我会找一条毛巾，把一个浮条纵向粘到毛巾上，做成一个"围油栏"。接下来，我会把毛巾从酱汁的外侧放到水里，然后将浮条两端向内弯曲，把酱汁往泳池边赶。然后，我再用胶带把浮条的两端粘到泳池壁上。最后，我揪住毛巾角，将它慢慢地提出水面，就这样，黏黏的辣椒酱就会附着到毛巾上，而此时的水（大部分）就变干净了！

你为什么选择这些材料和工具呢？

我不需要出门就能把辣椒酱清理干净！毛巾、浮条和胶带都是家里常用的物品，用现成材料的优势在于能在尽可能短的时间内制作好"围油栏"，从而防止酱汁进一步扩散。由于辣椒酱是可溶于水的，所以它能在水中扩散。即使酱汁里的油会分离开，很容易就能把它从水的表面舀起来倒掉，但醋和辣椒等其他成分，一旦扩散到整个水体，就会很难过滤出来。浮条的作用就是防止酱汁扩散。用小苏打也是一个选择，可以把它倒在"污染"区域，中和掉酸性的辣椒酱。我还考虑过用干湿两用的吸尘器，它能过滤水，但需要过滤的水量实在太多了。

怎样用你的方案解决实际生活中的问题呢？

当发生石油泄漏事故时，可以使用围油栏。如果海底的石油钻头损坏，大量石油流到水里，工作人员就会在第一时间部署防油网，以阻止石油继续在海水中扩散。

超级滤水器

你想到的第一个主意是什么呢?它是你想到的最好的主意吗?

我首先想到的是在一个过滤器内侧放置咖啡滤纸,这样来过滤出水中的酱汁。这不是我想到的最好的主意,因为要想把泳池里的酱汁全都清理掉,需要抽出足够多的水进行过滤,这样太花时间了。而且,如果酱汁过于浓稠,或者滤纸太湿的话,也许达不到理想的效果。所以,我把方案改成将多个浮条用胶带粘在一起连起来,达到整个泳池的宽度。推动浮条在水面上行进,将辣椒酱聚到一小片区域,然后再用泳池捞网或者水桶把酱汁取出来就容易多了。

瑞安
珊瑚礁生物学家

你认为成功方案的标准是什么呢?

1. 清理出足够多的辣椒酱,避免堵塞泳池过滤器。
2. 水闻起来没有辣椒酱的味道,并且眼睛没有不舒服的感觉。
3. 使用的清理材料能在泳池周围找到。
4. 保留泳池里的大部分水。

分秒必争

辛迪
地质学家

描述一下你的方案。

把沙滩球里的气全部放干净,在气孔正对的球的另一侧剪一个小洞。把嘴放到气孔上,将做好的小洞对着被弄脏的水吸气,产生的吸力会将辣椒酱和水都吸到沙滩球里。最后,把沙滩球从泳池里拿出来,倒掉里面吸进来的脏水。重复这一过程,直到清理完毕。

当读完挑战内容的时候,你的第一个想法是什么?

一开始,我并不知道该如何处理这个问题,但是我一直在想泳池周围有哪些可以用的材料,如何使用这些工具得到一个快速、简单易操作的方案。我在脑海中想象当时的情景会是怎样的,并且反复阅读问题,思考答案。

你还想过其他方案吗?

我想过用毛巾把受污染的水全部吸收掉。我知道,这个方法可行的唯一前提就是辣椒酱集中在一小块区域里,如果已经大范围扩散的话就行不通了。在制定出最佳方案之前,我大约思考了10分钟的时间!

更多解决方案

美国国家地理工程师的 解决方案

第十四项挑战：清理泳池里的辣椒酱

为了完成这项挑战，美国国家地理工程师可是花了不少心思！这是他们最满意的两个方案：第一是把洒出来的辣椒酱隔离开，然后吸出来；第二是制作一个临时的超强版过滤器。

我的想法是，既然你在泳池里，那你周围肯定有一些漂浮的玩具。如果有游泳圈的话，你就可以把它扔到洒出的辣椒酱上，从而防止酱汁在水中扩散。

把游泳圈罩在洒出的辣椒酱上。

尽快从泳池里跳出来，或者戴上泳镜！辣椒酱进到眼里的感觉会很糟糕。相信我们没错！

用吸管把酱汁吸出来。

 布拉德

然后，用吸管把漂着的辣椒酱吸出来*。

对。人们能看到的辣椒酱，其实只是漂在水面的油性部分，也就是红色的部分。剩下的部分则是无色的，它将渗入泳池的水里并散开。

解决这一"污染"的方法是稀释法。

埃里克

*注意：小心不要吸到嘴里！泳池的水里有一些化学成分，可不是用来喝的。

第三章
构建我们的世界

注意！
本章内容或许能给你不少启发，激励你去改变世界。

从古至今成功的工程设计

确实,上一章里的挑战内容有些古怪。你真会遇到在沙漠中找水喝的情况吗?很可能不会。但是,在人类发展的历史长河中,人类曾面临过各种各样的挑战,每一次都靠工程设计化解了危机。

古代

人类最初的工具都很简单，很久以来，人们不断在这些简单的工具上进行创造设计，人类文明才得以发展到今天这样的高度。最早期的工程师通过复杂的数学运算来拓展思路、验证观点，他们建造了许多伟大的结构，在几千年后的今天仍然屹立不倒。他们创造性地利用地球资源，从而改变了我们的世界。

轮子

工程类型：机械

轮子被认为是有史以来最伟大的发明。它永久地改变了人们的交通方式，直到今天仍在使用。大约公元前3500年，在美索不达米亚（古代的中东地区，包括今天的伊拉克、伊朗、叙利亚及土耳其的部分区域）诞生了轮子。

英国的考古学家发掘出了一个约3000年前的轮子。

犁播机

工程类型：机械/农业

犁播机能在犁地的同时进行播种，从而改变了农业的进程。这项重要技术的发明，提高了农民的耕种速度，浪费的种子也少多了，可以种植更多的农作物。大约公元前3000年，美索不达米亚人就开始使用犁了。

大金字塔

工程类型：土木/建筑

埃及吉萨高原上的金字塔建于4500多年前。要建成一座金字塔，需要用数百万块巨石块，耗时80年左右。每块巨石块的重量从2.3吨到13.6吨不等，它们都放在特定的位置上，比今天石匠砌的石头还精准。科学家虽然知道工人使用了石镐、铜凿和其他原始工具，但他们仍无法清楚解释金字塔是如何建起来的。

狮身人面像

工程类型：土木/建筑

狮身人面像是世界上最古老的雕像之一，建于公元前2500年左右。用手动工具从一整块石灰岩上雕刻出如此巨大的雕像，简直可以称为工程奇迹。正如其名字一样，它有一张人脸和一个狮子的身体，爪子就像一辆城市公交车那么大。它高约20m，和美国华盛顿的白宫一样高，长约73m。在建造过程中，一个工人花费40个小时才仅仅能凿掉0.03m³的石头。

成功案例

帕台农神庙

工程类型：土木/建筑

希腊雅典的帕台农神庙建于2500年前，用大理石建造而成。建造时，工程师运用了视觉错觉使它看起来比例匀称、气宇非凡。这座神庙的建筑水平和呈现出的美感出类拔萃，堪称一件古代杰作，即使现在已变成废墟也毫不逊色。

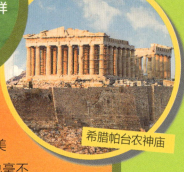

美国田纳西州首府纳什维尔有一座几乎与帕台农神庙一模一样的复制建筑

希腊帕台农神庙

中国的万里长城

工程类型：土木

长城是由中国古代的统治者下令建造的一道城墙屏障，完整的建造时间超过2000年，目的是抵御侵略者、保护国民。明朝是最后一个大规模修建长城的朝代，今天我们所看到的长城多是此时修筑。现存明长城的总长度为8851.8km，其中人工修建的墙体长6259.6km，壕堑长359.7km，天然险长2232.5km。

古罗马高架引水渠和排水系统

工程类型：土木

许多古代文明都设计、建造过水资源的运输系统，这样人们就能在离水源地很远的地方生活、务农。古罗马以其高架引水渠而闻名，其建造的高架引水渠总长度达450km。第一条引水渠建于公元前312年，最后一条建于公元226年。水流依靠重力而非压力，沿地上和地下的沟渠向下游流淌，沟渠内部用石头或混凝土砌成。引水渠上的拱门和桥是用来保持合适的坡度的。

马克西姆下水道建于公元前6世纪，是古罗马最主要的排污排水管道，至今仍在使用，只不过下水道最初的石造部分大都换成了混凝土。

中世纪 5世纪—15世纪

"**工程师**"**这个词最早出现在中世纪。** 在中世纪,工程学上的进步和发展大多与实用性相关,尽管在这段时期,西方世界的科学知识增长缓慢,但在省力机械和设备的研发方面取得了一定突破,制造出了纺车和船舵等。

飞拱

工程类型:土木

12世纪时,法国出现了飞拱。在飞拱出现以前,如果建筑的屋顶太沉,要用石墙支撑。之所以说飞拱改变了建筑学,是因为有了飞拱,工程师不仅可以建更高的墙,而且可以在建筑物中使用其他材料,如玻璃等。从此,大教堂和其他建筑内部变得不那么黑暗,看起来也更漂亮了。为什么叫作"飞拱"呢?因为拱从墙上伸出来,或者说"飞"出来一段距离。它通过自身的石造结构将屋顶的部分重量通过地面给予支撑。

吊桥

工程类型:土木

中世纪居住在城堡里的居民会在城堡外围挖一圈很深的护城河,用来抵挡敌人的攻击。吊桥是一个可移动的平台,放下来的时候居民就可以过河,抬起来的时候就可以阻止入侵者入城。吊起的吊桥能挡住城门,在面对攻城槌和石弩时,还能为城门提供额外保护。

成功案例

水车

工程类型：机械

在蒸汽动力发明以前，水车是产生机械能的重要工具。流水驱动巨大的轮子转动，从而把粮食碾成粉状物，这是它最常见的用途。在水车发明之前的几千年，这项工作都只能靠人工完成。到了10世纪末期，人们还用水车粉碎矿石、为熔炉供能以炼制金属，它也是很多其他设备的能量来源。在中世纪建造这些巨型结构，是一项了不起的工程技术成就。

风车

工程类型：机械

机械风车的发明彻底改变了工作方式。同水车一样，风车也用于研磨粮食，但更具优势。风车的建造成本更低，而且无须建在水里。在12世纪—19世纪的欧洲，风车非常普遍。

英国的奥特伍德风车磨坊建于1665年，一直正常运转到1996年。这项中世纪的技术竟然坚持了331年！

抛石机

工程类型：军事/机械

在12世纪—14世纪的战争中，石弩是重要的作战工具之一，而抛石机是增强版的石弩，具有更高的精准度。抛石机利用平衡物的重力发射，有的平衡物甚至重达9吨。士兵用它向敌方城墙投掷石块，有时还会发射燃烧物，让火在敌方城中蔓延。更有甚者，士兵会把因瘟疫死亡的病人尸体和腐烂的动物抛进城里，从而使敌方感染疾病。"战狼"（如上图所示）很可能是世界上最大的抛石机，它建于1304年的苏格兰，花了3个月的时间才建造完成，可能需要50多个人才能操作。

时钟

工程类型：机械

想象一下，如果永远不知道时间是几点会怎样呢？或者假设你生活在10世纪，那时候的人们口袋里都揣着一个日晷！大约在1275年，人们制造了第一台机械钟，它依靠安装在钟塔里的齿轮、杠杆和重物运转。每隔一段固定的时间，锤子就会击打钟面，以此来报时。最初的时钟既没有钟面，也没有指针，因为在当时，很少有人看得懂数字。制作钟表需要花费大量时间，每一个零件，从螺丝到弹簧，都需要手工制作。

在埃及开罗，科学家海什木制造了世界上第一个指示小时和分钟的水钟。他借助一个有一个小孔的圆柱体，因为它沉入水箱的时间是恒定的，这样就能测量时间。水钟借助滑轮和其他机械部件使圆盘转动，从而显示时间。

位于英国威尔特郡的索尔兹伯里大教堂里摆着一件中世纪的时钟，它或许是世界上最古老的仍正常运转的时钟了。据说这座时钟建于1386年甚至更早，必须每天上一次发条。

伊斯兰文明的黄金时代（8世纪—13世纪）

当欧洲正经历黑暗时期，从西班牙南部到中国之间的广博区域却迎来了大发展，伊斯兰文明称这段时间为"黄金时代"。在这段时间，阿拉伯语逐渐成为科学界的国际通用语言。学者前往世界各地分享观点和成果，有着不同信仰和文化背景的人们齐心协力，不断探索新知识。

科学、技术、工程、数学和其他许多领域的诸多突破，都根植于这一时期。

大象钟

大象钟是一座用水驱动的时钟，是13世纪一位名叫艾尔·加扎利的著名土耳其工程师发明的。大象钟不仅是时钟，还是一件艺术品。它将浮筒置于隐藏在象腹中的深水槽里，借助浮筒的下沉来记录时间。浮筒全部沉入水底刚好是半个小时，它会触发机关释放一颗钢球，钢球使钟面转动，从而显示出小时。当浮筒下沉时，浮筒上面连接的绳索还会带动大象钟上部的方亭中的书写员人偶和手中的笔转动，在刻度盘上显示出分钟。

大象钟的设计看起来有点小题大做，因为除了报时，它运转时还会发生各种各样的声音，做出很多动作，为人们提供娱乐功能。

科学革命

18 世纪以前

15 世纪—17 世纪的西方世界曾经历过一次科学革命，在这一时期，数学和科学知识不断增长，给人们带来了新的思考方式。

科学方法（实验的标准流程）的完善，意味着科学家和其他专家不仅能通过实验证明自己的想法，还能互相检验工作成果。这为科学在工程领域的应用迈出了重要一步。

在 16 世纪，土木工程和军事工程是热门行业。随着人们陆续发表有关科学、数学和机械方面的文章，大家相互之间交流观点和学习的途径更简单了。人们解决问题的兴趣变得高涨，工程师研发出了各种动力驱动机械。工厂开始用这些机械代替手工，随之而来的就是第一次工业革命——始于 18 世纪的英国，并逐渐发展到世界各地。

避雷针

工程类型：电气

本杰明·富兰克林曾骑在马背上追逐雷电，就是为了近距离研究它。还有一次，他在实验过程中遭遇了电击。这位著名的美国科学家和发明家是世界上第一个证明雷电的本质是电的人。1752年，富兰克林建造了第一个避雷针，以保护建筑物免遭雷击。他的这一发明至今仍在使用，只在原来的设计上做了细微的改动。

避雷针通常装在建筑物或船舶的最高处。它的材料一般是铜，作用是将雷电的电流通过导线引到地面，从而避免雷电击中可燃物，引发火灾。导线对雷电的阻力很少，所以电流能顺利地接入大地。

降落伞

工程类型：航空航天

伟大的画家、发明家和思想家莱昂纳多·达·芬奇曾经构思过降落伞的样子，并在1485年左右把他的想法画了下来。300多年之后，安德烈·雅克·加纳林背着丝质降落伞，从热气球上一跃而下。在空中，降落伞剧烈地左右摇晃，但加纳林依旧成功着陆，除了感觉不太好之外没有受伤。到了19世纪，身上背着降落伞从热气球上跳下来成为一种娱乐项目。再后来，降落伞成为飞机机组人员必不可少的救生装备，尤其在第二次世界大战时更是如此。今天，降落伞不仅用于高空跳伞运动中，也用来减慢飞机、航天器、赛车等物体的下降或速度。

成功案例

热气球

工程类型：热力/流体

当第一个热气球飞上天的时候，所有观众都大为惊奇，也把之前从未听说过这项发明的农民吓了一跳。1783年，法国的蒙戈尔菲耶兄弟发明了气球飞行，他们用以薄纸为内衬的棉布制成了第一个热气球，然后把稻草点燃，以加热空气。气球内的空气受热后密度减小，从而使热气球飞到空中。

很多人都受到了热气球的启发，其中就包括法国物理学家雅克·亚历山大·塞萨尔·查理，他设计了世界上第一个氢气球。氢气是一种比空气轻的气体，氢气球会将比氢气重的空气推向周围，从而向上升起。现在的氢气球不仅用于休闲娱乐，还用于高空气象研究。

轧棉机

工程类型：机械

在用棉花做衣服之前，要先把棉花的种子从纤维中分离出来。这项枯燥乏味的工作一直以来都靠手工完成，直到1793年美国人伊莱·惠特尼发明了世界上第一台轧棉机。使用他的发明，人们能更容易地把棉花的种子分离出来，从而降低了农业成本。

21世纪

工程学正处于前所未有的快速发展阶段。 在计算机软件的帮助下，21世纪的工程师几乎可以为能想象出来的任何事物制作模型，进行验证。新技术的出现，使得工程师和科学家有条件与全球各地的专家共同探讨、研究新的想法。

可穿戴技术

工程类型：软件

除了手表和助听器之外，工程师又研发出了多种可穿戴技术。想改善健康情况？你可以戴上高科技手环，它能告诉你已经走了多少步，走了多远的距离，以及你的心跳速度。想更轻松地拍摄一段视频？你可以买一个可穿戴相机，把它绑在头上。这样，当你在山上滑雪、在湖里游泳，甚至步行去学校的时候，它就能记录下周围的风景。如果你想更方便一点，你甚至可以买一副能拍照并且能上网的眼镜。

制水广告牌

工程类型：机械/水文

秘鲁首都利马，位于西海岸沙漠地区，几乎全年无雨，导致城市里饮用水短缺。秘鲁工程技术大学和一家广告公司合作，提出了一个解决方案。利马空气潮湿，湿度高达98%，他们巧妙利用这一点建了一座广告牌，它能吸收空气中的水分，并将其冷凝成饮用水。从此无需雨云，大家仍然有水喝。

成功案例

有一家公司用3D打印机打印出了飞机用的大型零件。

3D打印机

工程类型：机械/工业

三维打印机也叫3D打印机，是一种以计算机文件为基础、打印三维立体物体的机械。打印人员可选择塑料、金属或其他材料，3D打印机会一层层打印加热过的材料，堆积成三维物体。只要是你能画出来的物体，它几乎都可以打印，甚至包括带可移动零件的复杂物体。可以说，3D打印机既能打印简单的立方体，也能打印像吉他这样的复杂物体。

3D打印技术十分有趣，除此之外，它在建造原始模型、进行测试方面也起着重要作用，它让这个过程更为简单，并且能够降低成本。美国国家航空航天局（NASA）正在研究在国际空间站（ISS）中打印出来的物体与在地球上打印出来的物体相比有何优势、劣势。在太空中打印出来的第一件工具是一个棘轮扳手，在4小时之内就制作完成，相比在地球上做好再运到太空中的老方法，这种方法既快捷又便宜。美国国家航空航天局已经开始研究如何在太空中用3D打印机打印更为复杂的物体，例如整座飞船，或者保鲜5年都不会坏的食物。

防涂鸦涂料

工程类型：化学

清洗公共场所的涂鸦成本很高，而防涂鸦涂料和薄膜则是21世纪的应对之策。这种新型涂料可以防止油漆或颜料附着在建筑物、桥梁或公交车候车亭等经常被乱涂乱画的结构表面。涂料是透明的，并且开发出了不同的类型，可防止各种材料免遭油漆或颜料渗入，如混凝土、钢材、塑料和木材等。甚至玻璃也能受到保护，免遭不褪色油墨的破坏，人们在玻璃上贴上一层几乎看不见的防涂鸦薄膜，薄膜清理起来很方便，而且与更换玻璃的成本相比，薄膜要便宜得多。

成功案例

自动驾驶汽车

工程类型：汽车

自动驾驶汽车可以让道路交通变得更加安全，因为计算机不像人类驾驶员一样会分心或出错。自动驾驶汽车上装配有摄像头、雷达、激光器、全球定位系统（GPS）、传感器和其他高科技设备，能够自行确定汽车的当前位置、目的地和行驶路线。计算机系统会分析各种信息，然后向车辆发出指令。尽管与人脑相比，自动驾驶汽车能处理更多信息，但它仍有进一步完善的空间。工程师需要提升自动驾驶汽车应对意外情况的能力，从而更好地模拟人类驾驶员的处理方式。

空中飞车

工程类型：汽车/航空航天

工程师正在研究空中飞车的可行性。想象一下，将来当你遇到堵车的时候，你就可以直接驾车飞上天！空中飞车不仅能缓解城市的拥堵问题，还能帮助人们抵达开车去不了的地方。但是，工程师必须攻克空中飞车的起飞和着陆问题。它要像直升机那样起降，而不是像飞机一样，只能借助跑道加减速。

自愈型混凝土

工程类型：土木

你能想象出混凝土的裂缝竟然可以自我修复吗？一位荷兰科学家不仅对此做了想象，还研究了如何利用细菌让混凝土的裂缝自我修复。细菌保持休眠状态的时间可长达200年，一旦有水和养分进入裂缝，它们就会被激活。这项技术可以防止水渗入混凝土结构对钢筋造成破坏，进而避免事故的发生。

成功案例

机器人

工程类型：机器人学

工程师设计机器人，通常是为了完成人们不喜欢做、不能做或必须长时间连续作业的工作。工程师已经制造出了可以吸尘、拖地和割草的机器人，他们甚至还制造出了用来探索太空的机器人，如各种探测器、着陆器和轨道飞行器。人们在地球上用计算机向这些身处遥远太空的机器人发送指令，告诉它们如何行动。

工程师还发明了足球机器人，它们每年都会参加机器人足球世界杯赛。该项赛事的组织者希望能在2050年之前见证一支机器人足球队与人类足球队在国际足联（FIFA）的正式比赛中同场竞技，并最终取得胜利。研究如何制造最高水平的足球机器人的过程不仅有趣，而且十分重要。在这个过程中，工程师会解决一系列难题，包括机器人的视觉问题、双足行走问题，以及独立做决定的问题。最后一个问题相当复杂，涉及为机器人编程，从而使它具备应对各种可能情况的能力。

随着机器人学领域的研究不断加深，将来有可能出现能很好地感知周围环境的类人机器人，这些机器人可以帮助老年人或残疾人管理家庭事务。工厂也将从中受益，可以使用能执行多种任务而不只是一种任务的机器人。机器人还被应用于爆炸、有害化学物质泄漏和其他灾难发生之后的救援任务，类人机器人方面的研究也将有助于提升这部分机器人的性能。

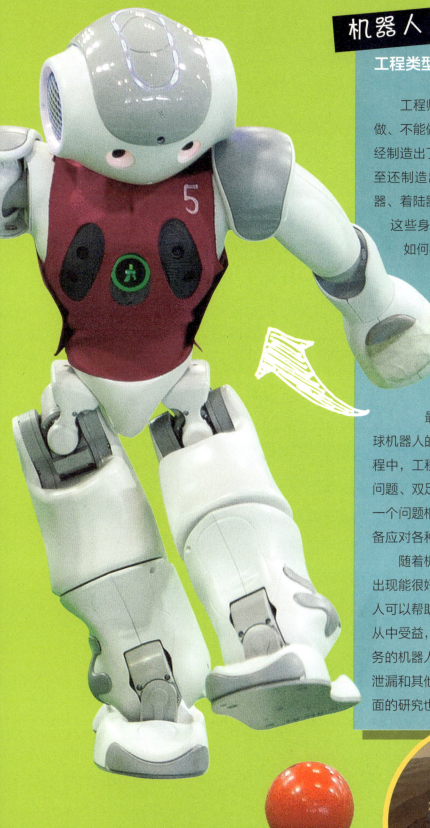

"好奇号"火星车上配有 **17 台** 相机，甚至可以在火星上自拍！

工程灾难

很多原因都会**导致工程失败**，比如**设计错误**、材料选择不当、恶劣天气等。想一想**三只小猪**的故事就知道了，它们分别建了草房、木房和砖房，但只有最**务实的那只小猪**选择的是能挡住大灰狼的材料。

同三只小猪一样，工程师在设计结构的时候，也需要综合考虑各种假设情况。假如发生了地震、飓风或者海啸怎么办？有时候，工程师需要经历各种失败才能想出最佳方案。以前，工程师们只能不断试错来检验自己的想法、尝试各种不同的方法。今天，工程师们可以利用电脑模型预测工程结构对于天气及其他变量的反应，从而避免事故的发生。有失败才有成功，在工程上亦是如此。

特鲁斯德尔桥坍塌事故

船舶、滑坡、暴雨、地震和超重都有可能破坏甚至摧毁桥梁。1873年，在美国伊利诺伊州的迪克森市，100多人正站在一座长200m的桥上观看罗克河里举行的一场洗礼仪式。就在这时，他们脚下这座刚建成4年的桥突然坍塌。这起灾难造成40多人死亡，许多人受伤。事故原因被认为是桥梁用铸铁制成的桁架（即支撑结构）出了问题。像这样的灾难促使人们发明出了更好的预测桥梁强度及进行压力测试的方法。

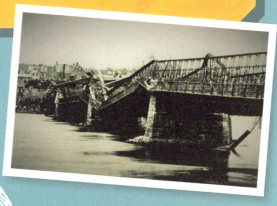

比萨斜塔

意大利的比萨斜塔是一座高八层的独立式钟楼。它的圆顶、拱门、条纹大理石和207根柱子看起来十分漂亮。这个建筑奇迹始建于1173年，但是花费了近200年的时间才建成。战争、资金短缺及家喻户晓的倾斜问题，都对它的施工进度造成了影响。

比萨斜塔的地基松软，在第二层建成之后，它的一侧就开始下沉了。工程师曾尝试过修改设计，但也没能解决这个问题，钟楼仍在下沉。到了20世纪末，塔身顶部偏离垂直状态已有5m。从1990年开始，工程师经过11年的修缮，终于将塔身扶正了约43cm。比萨斜塔提醒设计者，在工程建设开始之前，充分研究地下水和土层情况是十分必要的。

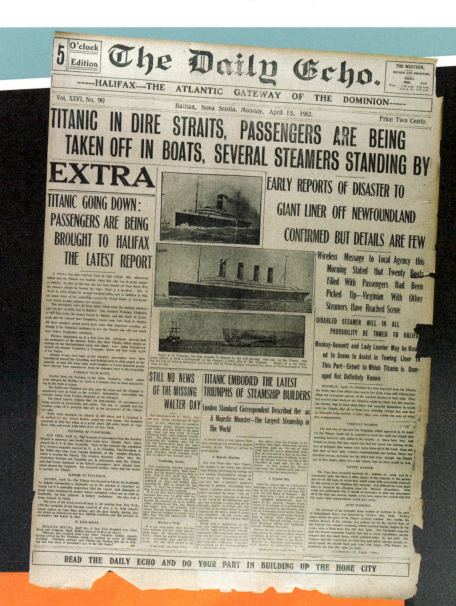

泰坦尼克号

泰坦尼克号建造完成的时候,是当时世界上最大的一艘船,甚至有传言说它是永不沉没的。1912年4月14日,在其首次航行中,泰坦尼克号撞上了冰山,在船身一侧撞出了一个宽91m的大窟窿。海水快速涌入船体内部,根本无法阻挡。不到3小时,这艘花费3年时间打造的豪华蒸汽巨轮就从中间断成两半,沉入了北大西洋海底。船上只携带了20艘救生艇,而最初计划携带64艘。当时的工程师们相信泰坦尼克号是百分之百安全的,所以他们选择只带少量救生艇,以便给头等舱的乘客留出更多的甲板空间。

人们普遍认为泰坦尼克号解体和沉没的速度如此之快,主要是由于设计错误。舱壁是指用来分隔船内不同区域的墙,而泰坦尼克号的舱壁设计得很矮,目的是为了使船看上去更加豪华,但这也加快了海水漫入船体的速度。不合格的建造材料也是原因之一。当冰山擦过船身一侧时,将金属部件连接到船体框架的铆钉都被折断了。

灾难发生两年之后,众多航运国家聚集在一起,共同起草了一份关于船舶安全的国际协议。协议中包括有关救生艇设计的规定、扩音装置的使用(泰坦尼克号上一个都没有),以及安装更大范围的遇险报警设备的规定(现在这块是使用卫星技术来实现)。

约 700 人获救,而丧生的乘客和船员却超过 1500 人。

未来工程

虽然我们已经习惯了科技的**快速更迭**,但有些**想法**听上去仍给人一种**科幻小说**的感觉。这些设计将来能否正常应用到现实生活中,**谁都说不准**。

隐形

研究人员正在探索使用超材料,即具有自然材料不具备的特性的人工合成材料,以达到物体隐形的目的。最初的设计已经证明隐形是可行的,借助光学工程和纳米科技改变物体周围光线的传播路径,同时光线的折射使我们仍然能看到物体的背景。

海水燃料

当航行于遥远海域的时候,如何给船舶加油呢?轮船的燃料补给依赖油轮,但新科技的出现提供了另一种选择,即用海水制作燃料,具体来说,是将海水中的二氧化碳和氢气制成液体燃料。

超音速空中旅行

今天,最快的客机可以达到1125km/小时的速度。但是,未来的超音速客机能达到3000km/小时以上的速度,意味着从纽约飞到洛杉矶才不到1小时。

卫星太阳能电池板

在地球上收集的太阳能会因地球大气、云层的存在和四季的变化而有所减少,更别提看不到太阳光的晚上了,而在太空中则没有这些障碍。太空中的太阳能电池板可以直接吸收太阳的能量,再将其转化成微波或激光,为地球上的电网供电。

融雪路面

目前,政府每年要花费很多资金来清理道路积雪。未来的人行道、街道和高速公路的路面或许可以改用能吸收太阳能的金属板,既不会产生路面坑洞,也不会残留冰雪,甚至可以提醒驾驶员前方的危险,比如车祸和不小心跑到路上的动物。

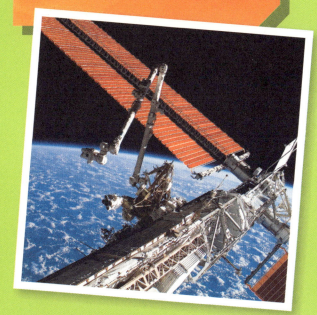

工程永不止步

未来的工程师将沿用你和我们的探险家所采用的流程步骤来**解决问题**，他们也会进行头脑风暴、测试自己的想法、对方案做修改。他们将对问题**一探究竟**，并运用自己的想象力、数学知识和科学技巧来找到问题的答案。

你已经了解了工程师解决问题的步骤，从开始定义问题到最终得出方案，一步接一步，环环相扣，就是为了能解决问题，创造新的东西，顺利完成任务。你可能也注意到了，工程是永远不会停止前进脚步的。从过去到现在，再到将来，总有不足需要改进，也总有新想法值得探索。

你也可以借鉴工程学上的方法来处理日常问题，就从记录生活中那些烦人的小事开始吧，就是那些总是反复发生、你恨不得它们能马上消失的事情。你可以通过完成这个句子开始："当……的时候，我真受不了……"

把那些你经常抱怨的**烦人事列出来**。

现在，去寻找解决方案，而不是继续默默忍受或者大声抱怨。想一想，你如何运用工程设计的流程来克服困难，把这些恼人的事和难题统统消灭掉呢？

要知道，工程师也是从解决小问题开始积累经验、提升技能的，他们不断努力进步，直到能处理更大的问题。你把问题列出来之后，也要这样做，先解决简单的问题，再利用学会的新技能解决稍难点的问题。

>> 面对下面这些问题，你如何设计出解决方案呢？

可能需要解决的问题

>> 每次走在地毯上，总会遇到静电。
>> 上衣拉链总是往下滑。
>> 吃了两口之后，你的冰棒碎了，并掉到了地上。
>> 铅笔顶端的橡皮擦不干净字迹。
>> 如果不压住书的两边，它总会自己合上。
>> 往面包上涂花生酱的时候，把面包弄出好几个洞。

>> 到了午饭时间，背包里放的香蕉已经从黄色变成了棕色。
>> 你的吸管总是跑到汽水瓶外面。
>> 笔记本上的环很难打开、闭合。
>> 羽毛球总是飞过栅栏，落到邻居家院子里。
>> 蹦床闻起来有股臭袜子的味道。

了解更多

拓展阅读

《美国国家地理 精彩少儿百科系列：你好，机器人》，珍妮弗·斯旺森、沙阿·塞尔比著，吴欣欣译，安徽科学技术出版社出版。

《美国国家地理 小小疯狂科学家的 50 个有趣实验》，卡伦·罗马诺·扬著，马修·拉克拉摄影，阳曦译，安徽少年儿童出版社出版。

《美国国家地理 万物的工作原理：给孩子的第一本科学世界入门书 1》，T. J. 雷斯勒著，黄意然译，中国纺织出版社出版。

《美国国家地理 万物的工作原理：给孩子的第一本科学世界入门书 2》，T. J. 雷斯勒著，阳曦译，中国纺织出版社出版。

相关网站

中国科普网
http://www.kepu.gov.cn

科普中国
https://www.kepuchina.cn

全国中小学生创·造大赛
http://www.chuangzaodasai.com

词汇表

B

标准：

用来评判事物的准则。

C

舱壁：

船上用来分隔不同区域的墙。

策略：

为了完成某个目标而制订的详细计划。

超材料：

人造材料，具有自然材料通常不具备的特性。

D

独立式：

不附属于其他结构，也不被其他结构所支撑。

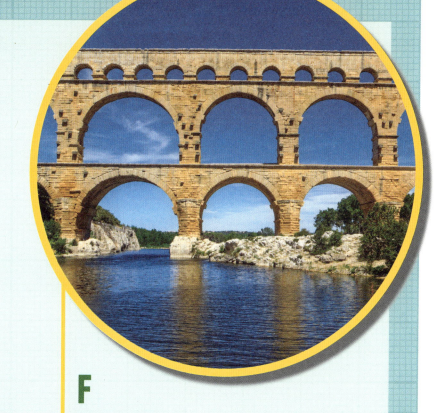

F

飞拱：

从外部支撑建筑或墙体的拱形结构。

G

杠杆：

一种简单机械，是一根能绕着固定点转动的杆，可以用来抬起或搬运物体。

高架引水渠：

用来输送水的桥式结构。

工程师：

能借助数学和科学知识，对机械、产品、系统或结构进行设计制造的人。

国际空间站：
绕地球轨道运行的大型航天器，用作宇航员的科学实验室和在太空中的住所。

过程：
准备或处理某个事物的一系列行为。

H

航空航天：
涉及区域包括地球大气层和外太空。

滑轮：
一种简单机械，是一个周缘有凹槽的轮子，能穿上绳子或链条，用于改变作用力的方向。

J

激光器：
能产生激光（一种能量高度集中的窄光束）的设备。

技术：
通过科学和工程创造出来的物体、系统或流程。

假体：
一种人造设备，用于替代人体上缺失或丧失功能的部分。

L

螺钉：

一种简单机械，是圆柱形或圆锥形金属上带螺纹的零件，能够上下旋转移动，也可以用来将两个物体固定在一起。

N

纳米科技：

利用原子和分子制造极其微小的设备的科学技术。

能量：

热量、电或其他来源产生的、用于执行工作的能力。

抛石机：

使用一个平衡物将大石头或其他投掷物抛出去的一种石弩。

频率：

物体（例如声波）在一定时间内重复的次数。

平衡物：

使另一重物平衡的重物。

S

三维：

具有或看起来具有长、宽、高三个维度。

声学：

与声音或听觉有关的学科。

石弩：

古代用来抛掷大型物体（如石头）的武器。

试错法：

重复测试一个观点或过程，直到找出最佳解决方案。

T

头脑风暴：

想各种各样的主意来解决问题。

X

楔子：

一种简单机械，能用来把物体分开或固定在一起。

斜面：

由一个平整、倾斜的表面组成的简单机械，也称为斜坡。

Y

压力测试：
确定在不利条件下，材料、产品或结构是否会损坏的过程。

压缩：
按压或挤压某件东西，使它变小，或能塞进更小的空间里。

压缩波：
空气中的振动，也叫"声音"或"纵波"。

研究：
收集关于某一主题的信息的行为。

液压装置：
利用运动的液体来做功的装置设备。

依据：
做某事或相信某事的原因、理由。

Z

重力：
地球吸引物体下坠的自然力。

轴：
轮子在上面转动的杆；与轮子组合在一起，就构成一种简单机械，称为"轮轴"。

自动化：
用机械、计算机或其他系统代替人工作业。

索引

A
阿拉伯语 133
艾尔·加扎利 133
安德烈·雅克·加纳林 134
奥特伍德风车磨坊 132

B
北大西洋 142
本杰明·富兰克林 134
蹦床 56, 147
比萨斜塔 141
冰山 142

C
材料工程师 14-15, 17
舱壁 142, 149
超材料 144, 149
超音速 145
沉积物 40, 111
城堡 45, 131
秤 6, 72, 74-77
尺子 74, 77
臭虫 78, 80-83
船舶 17, 134, 141-142, 144

D
大象钟 133
电脑 12, 13, 52, 140
电脑模型 140
电网 145
吊床 78, 80-83
吊桥 131

E
二氧化碳 144

F
法医学 50
防涂鸦薄膜 137
防涂鸦涂料 137
防蚊服 96, 98, 100
飞拱 131, 149
飞机 13, 17, 27, 29, 39, 45, 106, 134, 137, 138
风车 132
浮条 122, 123

G
杠杆 9, 74, 133, 149
高架引水渠 130, 149
隔音 42, 44-46
工程思维法 24-28, 30-34, 38, 41

工业革命 134

沟渠 92, 130

狗舍 56, 58

古代文明 130

灌溉 92，93

光学工程 144

广告牌 136

国际空间站 39, 137, 150

H

海水 122, 142, 144

航海 14

航空航天 69, 134, 137, 138, 150

航天器 17, 134, 150

核能 15, 17

猴拳结 62

后背挠痒痒装置 6, 8, 9

滑轮 9, 62, 105, 133, 150

化装服 98, 99

混凝土 17, 117, 130, 137, 138

火把 101

火箭 17, 69

火星 39, 69, 139

J

击剑面罩 99

机器人 15, 27, 29, 69, 139

机器人手臂 27, 29

激光 138, 145, 150

吉萨高原 129

甲壳虫 86

假体 17, 150

简单机械 8, 9, 55, 149-153

降落伞 70, 134

脚印 50

金字塔 40, 129

镜子 51, 117, 119

救生艇 142

救援任务 139

军事工程 134

K

可穿戴技术 136

空中飞车 138

口琴 20, 21

昆虫 98

L

辣椒酱 120-125

莱昂纳多·达·芬奇 134

雷达 17, 138

类人机器人 139

冷凝 86, 136

犁 129

犁播机 129

利马 136

林波舞 104

轮轴 9, 61, 153

轮子 9, 55, 129, 132, 150, 153

罗卡定律 50

罗马 130

螺钉 9, 151

M

马克西姆下水道 130
美索不达米亚 129
蒙戈尔菲耶兄弟 135
面粉 50, 75
面具 45
魔术师 51
木炭 125

N

纳米布沙漠 86
纳米科技 144, 151
农业 15, 129, 135

P

帕台农神庙 130
排水系统 130
抛石机 132, 152
烹饪 114, 116–118
平衡物 132, 152
苹果 114, 116–119
瀑布 90, 92–95

Q

气球飞行 135
跷跷板 6, 57
氢气 135, 144

R

热气球 134, 135

人行道 117, 145
日晷 133
融雪路面 145
软件 15, 136

S

洒水器 104
三维打印机 137
沙漠 84, 86–88, 128, 136
沙滩球 120, 123
生物医学 15, 17, 22
声波 21, 45, 46, 152
声带 21
声学 20, 21, 152
失重 63
狮身人面像 129
湿度 136
石弩 131, 132, 152
石油 15, 122
石油泄漏 122
时钟 133
试错法 57, 152
数学 12, 13, 75, 76, 129, 133, 134, 146, 149
水车 6, 132
水枪 18, 19
水文 136
水钟 133
塑料袋 87–89
隧道 16, 105, 107
索尔兹伯里大教堂 133

T

太空 13, 15, 22, 39, 63, 64, 69, 137, 139, 145, 150

太阳能 114, 145

太阳能电池板 145

泰坦尼克号 142

弹性 56, 81

探测器 69, 139

糖果 48, 50-53, 72-77

特鲁斯德尔桥坍塌事故 141

跳伞 134

铜线 52, 53

头脑风暴 24, 25, 27, 38, 41, 81, 146, 152

涂料 105, 137

涂鸦 137

土木工程 14, 16, 134

W

万里长城 130

围油栏 122

未来 144-146

蚊子 81, 96-101

无人机 17, 40, 41

X

吸尘器 27, 29-34, 122

吸力 30, 33, 123

细菌 63, 138

仙人掌 87

楔子 9, 152

斜面 9, 55, 56, 152

蓄水池 94, 95

Y

压力测试 141, 153

轧棉机 135

烟 101

液压装置 19, 153

伊斯兰文明 133

饮用水 117, 136

隐形 98, 144

硬币分类器 108, 110, 112

邮件 64

游乐场 102, 104, 106

鱼竿 69

宇航员 63, 150

Z

灾难 139-142

障碍赛场地 104, 105

照相机 40, 41, 51

折纸 22

蒸发 85-89

纸杯 22, 23

指纹 50, 51

中世纪 98, 131-133

钟楼 141

重力 6, 57, 58, 130, 132, 153

自动驾驶汽车 138

自然资源 15, 16

自愈型混凝土 138

足球机器人 139

图片出处

COVER: (red apple), yvdavyd/iStockphoto; (satellite), lexaarts/Shutterstock; (robot hand), saginbay/Shutterstock; (pencil), spacezerocom/Shutterstock; (all others), Beijing Institute of Technology Press **SPINE:** (rubber ducky), Sergiy Kubyk/Shutterstock; **BACK COVER:** (rubber ducky), Sergiy Kubyk/Shutterstock; (robot hand), saginbay/Shutterstock; (black marker), Trinacria Photo/Shutterstock; (gears), GLYPHstock/Shutterstock

INTERIOR: (vector arrows throughout), johavel/Shutterstock; (duct tape pieces throughout), Steve Collender/Shutterstock; (paper with yellow paperclip throughout), vesna cvorovic/Shutterstock; (paper with tape throughout), vesna cvorovic/Shutterstock; (strip of tape throughout), Madlen/Shutterstock; (grid lined paper throughout), Thinkstock; (tiny grid lined paper throughout), Michael Travers/Shutterstock; (sketchy arrows throughout), pio3/Shutterstock; 1, Sergiy Kubyk/Shutterstock; 2, ian nolan/Alamy Stock Photo; 3 (ball of twine), Olga Kovalenko/Shutterstock; 3 (piece of twine), Hayati Kayhan/Shutterstock; 3 (paperclip), Jay Venkat/Shutterstock; 4 (UP), Morgan Lane Photography/Shutterstock; (LO), saginbay/Shutterstock; 5, (LE), Steven Bostock/Shutterstock; (UP RT), SeM/UIG via/Getty Images; (LO RT), Shevs/Shutterstock; 6-7, Jim Paillot

SECTION 1: ALL ABOUT ENGINEERING: 12 (UP), GLYPHstock/Shutterstock; 12 (CTR), irin-k/Shutterstock; 12 (LO), Ilya Andriyanov/iStockphoto/Getty Images; 13 (LO), saginbay/Shutterstock; 14 (UP), Digital Genetics/Shutterstock; 14 (CTR LE), Rawpixel/Shutterstock; 14 (CTR RT), U.S. Navy, Official Photograph; 14 (LO), photowind/Shutterstock; 15 (UP), Scanrail/Dreamstime; 15 (CTR LE), NASA; 15 (CTR RT), Anna Kucherova/Shutterstock; 15 (LO LE), Geo-grafika/iStockphoto; 15 (LO RT), ded pixto/Shutterstock; 16-17, Jim Paillot; 18 (UP), graja/Shutterstock; 18 (LO A, B, C), Mark Thiessen/NG Staff; 18 (LO D), Nikolais/Dreamstime; 18 (LO E), Feng Yu/Dreamstime; 18 (LO F), Sergej Razvodovskij/Shutterstock; 19 (pencil & shavings), spacezerocom/Shutterstock; 19 (all others), Mark Thiessen/NG Staff; 20 (UP), Morgan Lane Photography/Shutterstock; 20 (all others), Mark Thiessen/NG Staff; 21 (pencil & shavings), spacezerocom/Shutterstock; 23 (all others), Mark Thiessen/NG Staff; 22 (UP), PixieMe/Shutterstock; 22 (LE), FabrikaSimf/Shutterstock; 22 (LO), Shevs/Shutterstock; 22 (all others), Mark Thiessen/NG Staff; 23 (pencil & shavings), spacezerocom/Shutterstock; 23 (all others), Mark Thiessen/NG Staff; 24 (UP), Marina Lohrbach/Shutterstock; 24 (LO), kostudio/Shutterstock; 25 (UP), sakkmesterke/Shutterstock; 25 (CTR), PhotoBalance/Shutterstock; 25 (LO), Trinacria Photo/Shutterstock; 26, Sappington Todd/BloomImage RF/Getty Images; 26 (cat and books), Sanjida Rashid/NG Staff; 27 (LO LE), pixdeluxe/iStockphoto; 27 (UP RT), Photodisc; 27 (CTR RT), prapass/Shutterstock; 27 (LO A), Anton Starikov/Dreamstime; 27 (LO RT), Patchamol Jensatienwong/Shutterstock; 28 (UP LE), Gpointstudio/Dreamstime; 28 (LO LE), Shawn Hempel/Shutterstock; 28 (LO CTR), Eric Isselee/Shutterstock; 28 (LO RT), Tischenko Irina/Shutterstock; 29, Chones/Shutterstock; 30, LZ Image/Shutterstock; 31 (LO RT), Elnur/Shutterstock; 31 (sketches), Sanjida Rashid/NG Staff; 32 (UP), Sylwia Brataniec/Shutterstock; 32-33, Mark Thiessen/NG Staff; 34, aopsan/Shutterstock

SECTION 2: SOLVE THIS!: 38 (UP), Anna Hoychuk/Shutterstock; 38 (CTR), PhotoBalance/Shutterstock; 38 (LO), Africa Studio/Shutterstock; 39 (Constance), Randall Scott; 39 (Munazza), Munazza Alam; 39 (Ryan), Ryan Eagleson; 39 (UP LE), Olga Kovalenko/Shutterstock; 39 (UP RT), Hayati Kayhan/Shutterstock; 40 (Denise), Denise Pozzi-Escot; 40 (Cindy), Marie Freeman; 40 (Erika), Malvina Martin; 40 (Jeff), Jeffrey Marlow; 40 (Cecilia), Cecilia Mauricio; 41 (Eric), Lori Epstein; 41 (Tom), Tom O'Brien; 41 (Mike), Eric Berkenpass; 41 (Brad), Brad Henning; 41 (Joan), Rob Hislop; 41, GLYPHstock/Shutterstock; 42-43 (background), Pavel L Photo and Video/Shutterstock; 42-43 (illustrations), Jim Paillot; 44 (LE), Photodisc; 44 (RT), Obak/Shutterstock; 45 (UP), GalapagosPhoto/Shutterstock; 45 (LO), David Svetlik/Shutterstock; 46-47, Sanjida Rashid/NG Staff; 48-49 (background), Photographee.eu/Shutterstock; 48-49 (illustrations), Jim Paillot; 50 (UP), Tatiana Popova/Shutterstock; 50 (LO), Sarah Marchant/Shutterstock;

51 (UP), Andrew Neil Dierks/iStockphoto; 51 (LO), Freer/Shutterstock; 52-53, Sanjida Rashid/NG Staff; 54-55 (background), Artazum/Shutterstock; 54-55 (illustrations), Jim Paillot; 56 (LE), Wanchai Orsuk/Shutterstock; 56 (RT), tkemot/Shutterstock; 57 (UP), Dudarev Mikhail/Shutterstock; 57 (LO), photka/Shutterstock; 58-59, Sanjida Rashid/NG Staff; 60-61 (background), Innis McAllister/Alamy Stock Photo; 60-61 (illustrations), Jim Paillot; 62 (LE), BortN66/Shutterstock; 62 (RT), Pashalgnatov/iStockphoto; 63 (UP), Pavlo_K/Shutterstock; 63 (LO), Photo Melon/Shutterstock; 64-65, Sanjida Rashid/NG Staff; 66-67 (background), orin/Shutterstock; 66-67 (illustrations), Jim Paillot; 68 (UP), Michal812/Dreamstime; 68 (LO), Alexandr Vlassyuk/Shutterstock; 69 (UP), Mitch/Shutterstock; 69 (LO), terekhov igor/Shutterstock; 70-71, Sanjida Rashid/NG Staff; 72-73 (background), Spaces Images/Blend Images/Getty Images; 72-73 (illustrations), Jim Paillot; 74 (UP), SmileStudio/Shutterstock; 74 (LO), Happypix/Shutterstock; 75 (UP), Viktor1/Shutterstock; 75 (LO), M. Unal Ozmen/Shutterstock; 76-77, Sanjida Rashid/NG Staff; 78-79 (background), zstock/Shutterstock; 78-79 (illustrations), Jim Paillot; 80 (UP), Brand X; 80 (LO), endeavor/Shutterstock; 81 (UP), photo25th/Shutterstock; 81 (LO), Eky Studio/Shutterstock; 82-83, Sanjida Rashid/NG Staff; 84-85 (background), Panmaule/iStockphoto/Getty Images; 84-85 (illustrations), Jim Paillot; 86 (LE), Steven Crabbé/Dreamstime; 86 (RT), Thorsten Milse/robertharding/Getty Images; 87, Phil Schermeister/National Geographic Creative; 88-89, Sanjida Rashid/NG Staff; 90-91 (background), Rosamund Parkinson/Shutterstock; 90-91 (illustrations), Jim Paillot; 92, ZygiStudio/Shutterstock; 93 (UP), maxim ibragimov/Shutterstock; 93 (LO), Tatuasha/Shutterstock; 94-95, Sanjida Rashid/NG Staff; 96-97 (background), Amity Worrel & Co/Ryann Ford Photography; 96-97 (illustrations), Jim Paillot; 98 (UP), Andrienko Anastasiya/Shutterstock; 98 (LO), Brand X; 99 (UP), Suradech Prapairat/Shutterstock; 99 (LO), Dario Sabljak/Shutterstock; 100-101, Sanjida Rashid/NG Staff; 102-103 (background), amornme/iStockphoto/Getty Images; 102-103 (illustrations), Jim Paillot; 104 (LE), Miles Davies/Shutterstock; 104 (RT), Tischenko Irina/Shutterstock; 105 (UP LE), Mike Flippo/Shutterstock; 105 (LO LE), Petrenko Andriy/Shutterstock; 105 (RT), Africa Studio/Shutterstock; 106-107, Sanjida Rashid/NG Staff; 108-109 (background), Dorothy Alexander/Alamy Stock Photo; 108-109 (illustrations), Jim Paillot; 110, Photodisc; 111 (UP LE), MichaelJayBerlin/Shutterstock; 111 (UP RT), Butterfly Hunter/Shutterstock; 111 (LO), Pashalgnatov/iStockphoto; 112-113, Sanjida Rashid/NG Staff; 114-115 (background), MaxyM/Shutterstock; 114-115 (illustrations), Jim Paillot; 116, jadimages/Shutterstock; 117 (UP), Dionisvera/Shutterstock; 117 (LO), Picsfive/Shutterstock; 118-119, Sanjida Rashid/NG Staff; 120-121 (background), kropic1/Shutterstock; 120-121 (illustrations), Jim Paillot; 122 (LE), Frank L Junior/Shutterstock; 122 (RT), Juan Moyano/Dreamstime; 123 (UP), Shawn Hempel/Shutterstock; 123 (LO), Olga Popova/Shutterstock; 124-125, Sanjida Rashid/NG Staff

SECTION 3: ENGINEERING OUR WORLD: 128 (UP), Spasta/Shutterstock; 128 (CTR), cagi/Shutterstock; 128-129 (LO), B. Anthony Stewart/National Geographic Creative; 129, Jada Images/Alamy Stock Photo; 130 (UP), Lambros Kazan/Shutterstock; 130 (CTR), TrashTheLens/Shutterstock; 130 (LO), Bertl123/Shutterstock; 131 (LE), Ron Ellis/Shutterstock; 131 (RT), Blanchot Philippe/hemis.fr/Getty Images; 132 (UP), Carlo Morucchio/robertharding/Getty Images; 132 (LO LE), Gary Cook/Alamy Stock Photo; 132 (LO RT), Krys Bailey/Alamy Stock Photo; 133 (UP), neil setchfield - uk/Alamy Stock Photo; 133 (LO), World History Archive/Alamy Stock Photo; 134 (LE), Science Source/Getty Images; 134 (RT), SuperStock RM/Getty Images; 135 (LE), SeM/UIG via/Getty Images; 135 (RT), Mette Fairgrieve/Shutterstock; 135 (LO), Science Source/Getty Images; 136 (UP), Google/Handout/Corbis via/Getty Images; 136 (LO), WENN.com/Newscom; 137 (UP), Alexander Kirch/Shutterstock; 137 (LO LE), MikeDotta/Shutterstock; 137 (LO RT), Ryan DeBerardinis/Shutterstock; 138 (UP), Noah Berger/AFP/Getty Images; 138 (LO), Stan Honda/AFP/Getty Images; 139 (LE), Jens Meyer/AP/REX/Shutterstock; 139 (RT), NASA; 140, peang/Shutterstock; 141 (LE), Steven Bostock/Shutterstock; 141 (RT), Charles Keys; 142, Joseph H. Bailey/National Geographic Creative; 142-143, Emory Kristof/National Geographic Creative; 143, Philcold/Dreamstime; 144 (UP), greatideapl/iStockphoto; 144 (CTR), J. Adam Fenster, University of Rochester; 144 (LO), Igor Karasi/Shutterstock; 145 (UP), Rahul Prasad/EyeEm/Getty Images; 145 (LO LE), Anne-Christine Poujoulat/AFP/Getty Images; 145 (LO RT), NASA via/Getty Images; 146 (UP), donatas1205/Shutterstock; 146 (CTR), Brian A Jackson/Shutterstock; 146 (LO LE), Yury Shirokov/Dreamstime; 146 (LO RT), Photodisc; 147 (UP), Melica/Shutterstock; 147 (CTR), titov dmitriy/Shutterstock; 147 (LO), SergiyN/Shutterstock; 148 (UP), photastic/Shutterstock; 148 (LO), Rebecca Hale/NG Staff; 149 (UP), sakkmesterke/Shutterstock; 149 (LO), Bertl123/Shutterstock; 150 (UP), Artville; 150 (LO), Monkey Business Images/Shutterstock; 151 (UP), 3Dsculptor/Shutterstock; 151 (LO), Doug McLean/Shutterstock; 152 (UP), Nor Gal/Shutterstock; 152 (LO), sportpoint/Shutterstock; 153 (UP), Gary Cook/Alamy Stock Photo; 153 (LO), Hans Christiansson/Shutterstock; 160, Sergiy Kubyk/Shutterstock

版权专有　侵权必究

图书在版编目（CIP）数据

构建我们的世界：美国国家地理STEAM创意思维启蒙/(加) 琼·玛丽·加拉特著；王松译. — 北京：北京理工大学出版社, 2020.6

书名原文: SOLVE THIS!

ISBN 978-7-5682-7529-3

Ⅰ. ①构… Ⅱ. ①琼… ②王… Ⅲ. ①科学知识—少儿读物 Ⅳ. ①Z228.1

中国版本图书馆CIP数据核字(2019)第189050号

Text copyright © 2018 Joan Marie Galat

Text copyright © 2020 Chinese Edition Joan Marie Galat

Compilation copyright © 2018 National Geographic Partners, LLC.

Compilation copyright © 2020 Chinese Edition National Geographic Partners, LLC.. All rights reserved. Reproduction of the whole or any part of the contents without written permission from the publisher is prohibited.

北京市版权局著作权合同登记号　图字：01-2019-4620

本作品中文简体版权由美国国家地理学会授权北京大石创意文化传播有限公司所有。
由北京理工大学出版社出版发行。
未经许可，不得翻印。

NATIONAL GEOGRAPHIC 和黄色边框设计是美国国家地理学会的商标，未经许可，不得使用。

出版发行 / 北京理工大学出版社有限责任公司
社　　址 / 北京市海淀区中关村南大街5号
邮　　编 / 100081
电　　话 /（010）68944515（童书出版中心）
网　　址 / http://www.bitpress.com.cn
经　　销 / 全国各地新华书店
印　　刷 / 北京瑞禾彩色印刷有限公司
开　　本 / 889毫米×1194毫米　1/16
印　　张 / 10
字　　数 / 298千字
版　　次 / 2020年6月第1版　2020年6月第1次印刷
定　　价 / 135.00元

出版人 / 丛　磊　　特约顾问 / 李永适
策划编辑 / 魏　诺　　　　　　张婷婷
　　　　　韩路弯　　特约编辑 / 于艳慧
责任编辑 / 莫　莉　　　　　　张渔歌
　　　　　张　萌　　封面设计 / 刘　鹏
责任校对 / 周瑞红　　责任印制 / 王美丽

图书出现印装质量问题，请拨打售后服务热线，本社负责调换